**코몽 삼형제,
퓨타콤 행성을 지켜라!**

초판 1쇄 발행 2023년 12월 15일

지은이 메이킹&코딩연구 교사 소모임 퓨처메이킹, 김건우, 김동철, 김자영, 배은솔, 심상희, 홍해진
펴낸이 장길수
펴낸곳 지식과감성#
출판등록 제2012-000081호

교정 주경민
디자인 정윤솔
편집 정윤솔
검수 이주희
마케팅 김윤길

주소 서울시 금천구 벚꽃로298 대륭포스트타워6차 1212호
전화 070-4651-3730~4
팩스 070-4325-7006
이메일 ksbookup@naver.com
홈페이지 www.knsbookup.com

ISBN 979-11-392-1498-7(03000)
값 15,000원

Copyright ⓒ NAVER Connect Foundation. Some Rights Reserved.

• 이 책의 판권은 지은이에게 있습니다.
• 이 책 내용의 전부 또는 일부를 재사용하려면 반드시 지은이의 서면 동의를 받아야 합니다.
• 이 책의 삽화는 모두 ChatGPT의 DALL-E에서 생성한 이미지입니다.
• 잘못된 책은 구입하신 곳에서 바꾸어 드립니다.

지식과감성#
홈페이지 바로가기

목차

여행의 시작 — 7

퓨타콤 행성에 비상착륙 — 13

엠비디아 해변 — 19
여럿이 모여 다니는 게 시퓨 … 21
물을 전달하는 시퓨 … 22
AND게이트 … 22
OR게이트 … 23
NOT게이트 … 24
대장 시퓨의 모래 창고와 모래 언덕 … 26
시퓨들이 일하는 램 들판과 100층 아파트 … 29
그림을 만드는 반딧불이 서식지 … 35
엠비디아 해변 미션 성공 … 45

고르골 동굴 — 47
이진법의 방 … 49
요정 대장 픽시와 요정들 … 54
지구 행성의 엔트리 … 57

엔트리의 화면 구성	59
엔트리로 미로 탈출 훈련장 만들기	61
정보를 담는 그릇, 변수	69
조건에 따라 작동하게 만들기	70
다른 오브젝트에 코드 추가	73
구출한 요정의 수를 담을 변수 추가	75
요정이 구출되었을 때 코드 만들기	76
순찰하는 비루스 군단 만들기	82
요정이 순찰하는 비루스 군단 만날 때	85
미로 탈출을 성공했을 때	89
픽시 대장에게 훈련 프로그램 완성을 알리다	96
고르골 동굴 미션 성공	97

작말산   99

작말산의 거미 여왕 오페나이	101
정보의 중요도 판단	102
가짜를 만들 수 있는 오페나이 마을	107
오페나이 마을의 교훈	109

퓨타콤 행성을 떠나다   113

여행의 시작

우리가 살고 있는 지구에서 한참 떨어진 먼 우주에 아름답고 행복이 넘치는 에이펠 행성이 있었습니다. 이 작은 행성에는 똑똑한 외계인이 있었어요. 지구의 원숭이를 꼭 닮은 친구들이었죠. 그들의 이름은 일코몽, 이코몽, 그리고 삼코몽이었습니다. 의젓한 첫째 형 일코몽, 똑똑하고 주변을 잘 살필 줄 아는 둘째 형 이코몽, 덤벙대지만 마음씨는 착한 막내 삼코몽은 열심히 학교를 다니며 공부를 하고 있었어요. 어느 여름방학, 세 원숭이는 심심한 일상에서 벗어나 더 큰 세상을 탐험하고 싶어졌어요. 그래서 모두 함께 에이펠 행성을 떠나 우주여행을 떠나기로 결심했습니다.

 "3, 2, 1, 쿠쿠쿠쿠쿵궁쿠쿵!!"
 일코몽, 이코몽, 삼코몽 삼형제가 탄 우주선이 드디어 출발했어요.
 코몽 삼형제는 오늘 우주선의 발사를 위해 아침에는 학교에서 열심히 공부하고 학교를 마친 뒤에는 뒷산에서 우주선을 만들었답니다.

 코몽 삼형제가 살고 있는 에이펠 행성은 어린아이부터 어른까지 모두 기계를 다루고 물건을 만드는 일에 능숙한 곳이에요.

맏형인 일코몽이 동생들에게 말했어요.
"얘들아, 우주선의 상태는 어때?"
둘째인 이코몽이 대답했어요.
"형, 아주 정상적이야."
막내인 삼코몽도 대답했어요.
"형, 애니악 은하계로 잘 가고 있어."

코몽 삼형제는 우주여행을 하는 동안 맛있는 밥도 만들어 먹고 무중력 상태의 우주선 안을 둥둥 떠다니며 텀블링도 하고 즐거운 시간을 보내고 있었어요.

에이펠 행성을 떠난 지 사흘째 되던 날 밤이었어요.

그날 저녁도 마찬가지로 코몽 삼형제는 우주선에서 신나게 뛰어논 뒤 우주선을 자동 조종 모드로 설정하고 나서는 드르렁드르렁 코를 골며 곤히 잠을 자고 있었답니다.

"뛰디디 취치지지 뚜뚜뚜!!"
코몽 삼형제가 곤히 잠든 사이 우주선의 계기판에 이상한 문자들이 나타나기 시작했어요.

"01010011 01001111 01010011"
"53 4f 53"

번갈아 가며 빠르게 깜빡이던 신호는 "쾅!!" 하는 큰 소리와 큰 충격과 함께 사라져 버렸어요. 큰 소리와 큰 충격에 놀란 코몽 삼형제는 잠에서 깨어 후다닥 조종실로 뛰쳐나왔답니다.

알 수 없는 이유로 모든 장치가 고장이 나서 코몽 삼형제는 가장 가까이 보이는 행성으로 비상착륙을 해야 했어요.

"끼익, 끼익, 끼기기긱, 쿵쿠쿵, 쾅!"
엄청난 소리와 함께 행성에 착륙한 우주선은 크게 망가졌고 코몽 삼형제는 모두 정신을 잃었답니다.
수군거리는 소리에 제일 먼저 정신을 차린 일코몽이 동생들을 깨웠어요.
다행히 동생들도 모두 정신을 차렸답니다.

퓨타콤 행성에 비상착륙

바깥에는 의심스러운 눈초리로 코몽 삼형제를 바라보고 있는 퓨타콤 행성의 원주민들이 보였어요. 이 행성은 로봇들이 사는 곳인가 봐요.

그들은 코몽 삼형제를 의심스러운 눈으로 쳐다보며 서로 대화를 하고 있었어요.

그때 한 로봇이 의심스러운 눈으로 쳐다보며 코몽 삼형제에게 다가왔어요.

"나는 퓨타콤 행성의 하모닉 장군이다. 너희들은 누구냐?"

코몽 삼형제는 자신들이 우주여행 중이며 우주여행 도중 이상한 기호를 보았고 그 후에 우주선이 고장 나서 여기에 비상착륙을 하게 되었다고 설명하였어요.

코몽 삼형제의 말을 듣던 하모닉은 말했어요.

"너희들 비루스 군단의 공격을 받았구나. 우리 퓨타콤 행성도 비루스 군단의 공격을 받고 있는 중이야. 많은 것들이 비루스 군단의 공격으로 망가져 버렸지. 그래서 우리도 이렇게 숨어서 지내고 있단다. 우선 너희들의 우주선을 잘 숨겨 두고 우리의 마을로 가자."

하모닉이 주위의 로봇들에게 알 수 없는 신호를 보내자 로봇들은 나뭇가지와 모래들로 코몽 삼형제의 우주선을 숨겼어요.

하모닉은 코몽 삼형제를 따라오라고 했답니다.

하모닉을 따라가는 길 곳곳에는 검은 연기가 보이고 쾅쾅거리는 폭탄 소리가 들렸어요.

하모닉은 코몽 삼형제에게 잘 곳을 마련해 준 뒤 비루스 군단과의 전쟁에서 승리하도록 도와주면 우주선을 수리할 수 있도록 도와주겠다고 하였습니다.

코몽 삼형제가 걱정스러운 듯 물어봤어요.

"우리가 퓨타콤 행성을 위해서 무엇을 도와드릴 수 있을까요?"

하모닉은 대답했어요.

"우리 행성은 로봇들이 서로서로 행복하게 사는 곳이었어. 그런데 어느 날 바이러스 군단이 쳐들어왔지. 그들은 우리 로봇들을 서로 대화할 수 있게 해 주고 식량을 공급해 주는 엄마 나무를 부수고 도망갔단다. 엄마 나무가 없으면 우리는 멀리 있는 친구들과 연락을 할 수도 없고 식량을 공급받을 수도 없어. 로봇 친구들끼리 이야기를 할 수 없어서 서로 오해도 생기고 식량이 잘 공급되지 않아서 퓨타콤 행성 안에 살고 있는 우리끼리 서로 믿지 못하고 싸우게 되었단다. 코몽 삼형제, 우리를 도와서 엄마 나무를 고쳐 줄 수 있겠니?"

일코몽이 대답했습니다.
"수리는 우리 전문이에요. 우리를 믿고 맡겨 주세요."

하모닉은 말했어요.
"고마워. 엄마 나무를 고치기 위해서는 엠비디아 해변에서 우리와 사이가 멀어진 몇몇 친구들을 데리고 와야 해. 친구들은 엠비디아 해변에서 만날 수 있을 거야. 해변으로 가서 친구들을 자세히 살펴보면서 하는 일을 알면 엄마 나무를 고칠 수 있어. 엠비디아 해변은 아까 전에 너희들이 착륙했던 그곳이야."

코몽 삼형제는 날이 밝으면 엠비디아 해변으로 떠나기로 하고 하모닉 장군이 차려 준 퓨타콤 행성의 음식을 먹은 후 잠이 들었어요.

엠비디아 해변

다음 날 아침, 해가 밝아 왔어요. 코몽 삼형제는 가방을 챙겨서 엠비디아 해변으로 향했습니다.

코몽 삼형제는 엠비디아 해변에서 주변을 둘러보았어요.

하모닉이 준 쪽지에는 엠비디아 해변에서 해야 할 몇 가지 일들이 적혀 있었어요.

여럿이 모여 다니는 게 시퓨

우선 코몽 삼형제는 여럿이 모여 다니는 게 시퓨를 찾기로 했어요.

일코몽이 시퓨들을 자세히 관찰하니 배에 N처럼 생긴 무늬, P처럼 생긴 무늬가 있었어요. 무늬가 다른 시퓨들은 재미있게도 근처에 있는 다른 무늬 친구들과 서로서로 손을 맞잡으며 합체를 하고 합체를 하면서 빨대 같은 것들을 이용해 물을 흘려보내고 있었어요.

그런데 참 신기하지 뭐예요.

시퓨들은 각자 모두 다르게 줄을 서 있었어요.
일렬로 손을 맞잡은 시퓨들이 있는가 하면,
두 줄로 손을 맞잡고 서 있는 시퓨들도 있었어요.

시퓨들은 "알루! 알루!" 하는 이상한 소리를 내며 빨대를 연결해서 바닷물을 흐르게 하고 있었어요.

물을 전달하는 시퓨

일코몽이 자세히 살펴보니 시퓨들에게 무언가 규칙이 있는 것 같았어요.

AND게이트

빨대가 있을 때와 없을 때 시퓨들이 줄을 선 방향을 따라 전달하는 값이 달랐어요.

일렬로 줄을 서 있는 시퓨들은 둘 모두 빨대를 받쳐서 다음 칸으로 물을 전달했고, 하나라도 빨대를 갖고 있지 않으면 전달이 되지 않았어요.

이코몽이 말했어요.

"둘 다 빨대를 가져야 물을 움직일 수 있으니 이것은 우리 에이펠 행성의 AND게이트와 같은 것이구나!"

AND게이트는 모든 문이 열려 있어야만 물이 흐를 수 있고 한쪽의 문이라도 닫혀 있으면 물이 흐를 수 없는 문이었어요.

OR게이트

두 줄로 서 있는 시퓨들은 한쪽이라도 빨대를 받으면 다음으로 물을 전달할 수 있었어요. 양쪽으로 서 있었기 때문에 한쪽이 전달할 빨대가 없어도 물을 전달할 수 있었던 것이에요.

이코몽은 또다시 손뼉을 치며 말했어요.
"이건 우리 에이펠 행성의 OR게이트구나! OR게이트는 문이 양쪽으로 있어서 하나만 열려 있어도 물이 흐를 수 있어!"

NOT게이트

자신의 몸으로 물을 막아서 다른 곳으로 흘려보내던 시퓨들을 자세히 살펴보던 이코몽은 또다시 말했어요.

"여기 NOT게이트도 있구나! NOT게이트는 물이 흐를 때는 시퓨들이 몸으로 물을 막아서 물이 흐르지 않다가 물이 흐르지 않으면 막았던 빨대를 풀어 물을 흐르게 하는 거야! 다른 빨대들과 연결되어 있으면 물을 막아서 다른 빨대 쪽으로 물을 흘러가게 할 수 있어."

0은 물이 흐르지 않게 하는 것이고 1은 물이 흐르는 거야. 왼쪽에서 흐르기 시작한 물이 오른쪽으로 갈 수 있을지 생각해 보고 알맞은 것에 동그라미를 쳐 보자.

문제 1-1 AND게이트

① 물이 흘러올 때 둘 다 잠긴 경우(0,0) 물은 흐른다. (O, ×)

② 물이 흘러올 때 왼쪽은 잠겨 있고 오른쪽은 열린 경우(0,1) 물은 흐른다. (O, ×)

③ 물이 흘러올 때 왼쪽은 열려 있고 오른쪽은 잠긴 경우(1,0) 물은 흐른다. (O, ×)

④ 물이 흘러올 때 왼쪽은 열려 있고 오른쪽도 열린 경우(1,1) 물은 흐른다. (O, ×)

정답: ① × ② × ③ × ④ O

문제 1-2 OR게이트

① 물이 흘러올 때 둘 다 잠긴 경우(0,0) 물은 흐른다. (○, ×)

② 물이 흘러올 때 왼쪽은 잠겨 있고 오른쪽은 열린 경우(0,1) 물은 흐른다. (○, ×)

③ 물이 흘러올 때 왼쪽은 열려 있고 오른쪽은 잠긴 경우(1,0) 물은 흐른다. (○, ×)

④ 물이 흘러올 때 왼쪽은 열려 있고 오른쪽도 열린 경우(1,1) 물은 흐른다. (○, ×)

정답: ① × ② ○ ③ ○ ④ ○

문제 1-3 NOT게이트

① 물이 흘러올 때[1일 때] 집게발로 빨대를 잠그면 물은 (위쪽, 오른쪽)으로 흘러 오른쪽에 도착할 수 없다[0이 나옴].

② 물이 흐르지 않을 때[0일 때] 집게발로 빨대를 잠그지 않으면 물은 (위쪽, 오른쪽)으로 흘러 오른쪽에 도착한다[1이 나옴].

정답: ① 위쪽 ② 오른쪽

대장 시퓨의 모래 창고와 모래 언덕

시퓨들은 바닷물을 다른 시퓨들에게 전달하고 그 물을 받은 시퓨들은 어딘가 분주하게 움직이면서 바닷물을 가져오기도, 모래 안에 공간을 파내어 만든 물통에 넣어 두기도 하였어요.

삼코몽이 장난삼아 발로 시퓨들이 만들어 놓은 바닷물 웅덩이를 밟으니 시퓨들이 매우 화를 내며 집게발로 공격하려 했어요.
일코몽이 삼코몽을 말렸어요.
"삼코몽, 시퓨들이 지금 일을 하고 있는 것 같아. 방해하지 말고 뭘 하는지 살펴보자. 엄마 나무를 고치는 데 필요한 힌트를 얻을 수 있을지 몰라."

삼코몽은 머쓱해하며 형과 함께 시퓨들을 관찰했어요.

코몽 삼형제가 시퓨들이 물통을 쌓아 두거나 가져오는 곳을 자세히 살펴보니 물통에 숫자가 적혀 있었어요.

어떤 시퓨들은 대장 시퓨에게 명령을 받아 시퓨들에게 물통을 전달하고 있었어요.
그 물통을 받은 시퓨들은 물통에 적힌 숫자를 살펴보고 똑같은 숫자가 적힌 모래 언덕으로 달려갔어요.

어떤 곳에서 들고 온 물통들은 대장 시퓨에게 전달되면 명령을 내리는 물통으로 바뀌었어요.

그러곤 다시 시퓨들에게 전달되었고 어떤 물통은 대장 뒤의 큰 창고로 옮겨졌어요.
그리고 "알루! 알루!"라고 외치던 시퓨들에게 전달되어 빨대를 연결했다 뺐다 하는 동작을 반복하면 모래 물통들이 새로운 물이 찬 물통으로 변하고 있었어요.

그리고 새롭게 변한 물통을 또 다른 시퓨들이 달려와서 다시 대장에게 전달되기도 하고, 창고로 전달되기도 하고 쌓여 있는 물통을 쌓고 가져오는 일들을 반복하고 있었어요.

삼코몽은 놀라며 말했어요.
"시퓨들이 매우 바쁘게 왔다 갔다 하면서 물통을 나르고 있어!"

일코몽, 이코몽은 삼코몽을 데리고 큰 바위 위로 올라갔어요. 거기서 보니 여러 시퓨들이 각자 맡은 곳에서 모여서 일을 열심히 하고 있었어요.

일코몽과 이코몽은 열심히 일하고 있는 시퓨들에게 다가가 물었어요.
"혹시 엄마 나무를 도와줄 수 있니? 우리와 함께 엄마 나무가 있는 곳으로 같이 가서 하모닉 대장을 만나 줄 수 있겠어?"
그러자 시퓨들은 퀴즈를 맞히면 도와주겠다고 하였어요.

시퓨들은 줄을 지어서 모양을 만들더니 자신들이 만든 모양이 어떤 게이트인지 맞추어 보라고 하였어요.

문제 2 다음 모양은 무슨 게이트일까요?

① AND게이트
② OR게이트
③ NOT게이트

정답: ① AND게이트

 손쉽게 퀴즈를 푼 코몽 삼형제는 조심스럽게 시퓨들을 가방에 챙겨 넣고 다시 해변가를 둘러보았어요.

시퓨들이 일하는 램 들판과 100층 아파트

해변가에는 시퓨들이 또 다른 곳으로 다니고 있는 것이 보였어요. 4마리씩 짝을 짓고 두 팀씩 총 8마리가 일렬로 늘어서서 한 마리당 8개의 물통, 총 64뭉치씩 어떤 곳으로 가져가고, 가져오고 있었어요.

삼코몽이 시퓨들을 따라가 보자 시퓨들은 한 마리씩 각자가 맡은 바둑판같이 생긴 장소로 가고 있었어요.

그곳에는 램 들판이라고 적힌 팻말이 있었어요.

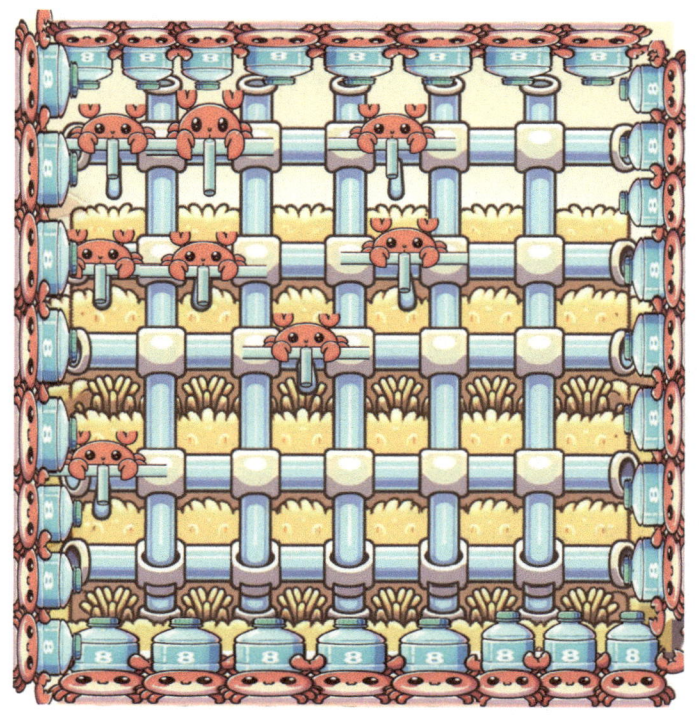

그 장소는 비슷하게 생긴 바둑판 모양의 들판이 있고 가로와 세로로 물이 각각 흐르고 있었어요.

시퓨들은 들판 안의 가로, 세로 위치를 확인하며 물통을 비워 물을 가득 채우거나 물을 빼서 가지고 있는 빈 물통에 물을 채워 넣는 것이었어요.

여기에서 일하는 시퓨들은 "램램, 램램!" 하는 소리를 외치며 다녔어요.

8마리가 한 번에 똑같이 "램램!"이라고 외치며 8개의 다리에 들고 있는 모래 물통에서 물을 버리는 모습이 매우 일사불란해 보였어요.

시퓨들은 물통의 물을 버리고는 잠시 기다리더니 다시 주소가 적힌 종이를 받고 모래 물통을 8개씩 들고 대장 시퓨 근처의 모래 창고로 달려가서 모래를 넣어 두고 오기를 반복했어요.

여덟 개의 다리로 열심히 모래 물통을 옮기는 시퓨들은 항상 4마리씩 짝을 지어 한 팀을 만들고 한 팀 또는 두 팀씩 모여 대장 시퓨 근처의 창고로 모래를 옮겼답니다.

그렇게 시퓨들이 움직이는 모습은 정말 질서정연한 군인 같았어요.

삼코몽이 시퓨들을 유심히 관찰하다가 대장 시퓨의 창고 쪽으로 가지 않는 시퓨들을 따라가 보았어요.

시퓨를 따라가던 삼코몽은 대장 시퓨의 모래 창고 반대쪽에 서 있는 엄청 높고 큰 상자 산을 발견했어요.

삼코몽은 깜짝 놀라 형들을 불렀어요.
"형들, 여기 미로 같은 뭔가가 있어."

   일코몽과 이코몽이 모래 산을 자세히 살펴보자 상자 산은 실제로는 산이 아니었고 시퓨들이 모래 물통을 쌓아서 만든 것들이었어요.

   상자를 만드는 시퓨들이 열심히 상자를 만들자 램 들판에서 시퓨들이 그 안에 가져온 물통을 집어넣고 있었답니다.

   상자 하나 안에는 8개의 칸막이가 있어서 그 안에 시퓨들이 모래 물통의 개수로 0부터 7까지의 8가지 숫자를 표현하고 있었어요.

그리고 상자가 완성이 되면 100층씩 쌓았는데 100층이 되면 바로 옆에 또 100층씩 만드는 작업을 계속하는 것이었어요.

삼코몽은 형들에게 말했어요.
"형들, 여긴 우리 에이펠 행성의 아파트 같아!"

일코몽과 이코몽은 손가락을 입에 가져다 대며 속삭이듯 말했어요.
"삼코몽, 주위를 둘러봐. 어마어마한 크기야."

삼코몽이 형들의 말을 듣고 둘러보니 삼코몽의 눈앞으로 엄청난 길이의 100층 상자 길이 있었어요.

상자들은 100층 높이로 쌓여서 수만 개씩 늘어져 있었고 아파트 같은 것들이 8개가 있을 때마다 큰 도로가 하나씩 나왔어요.
마치 상자로 만들어진 여러 개의 블록이 있는 거대한 마을 같았어요.

그 마을에서 상자를 만들고 쌓아 올리는 시퓨들도 있고 상자를 열어서 그 안에 있는 모래 물통을 꺼내거나 넣는 시퓨들도 있었어요.
하나같이 다들 분주하게 일하고 있었어요.

이코몽이 말했어요.
"여기가 모래 물통으로 만들어진 데이터를 저장하는 곳인 것 같아."
삼코몽도 말했어요.
"이렇게 마을이 크니까 시퓨들이 창고를 찾아가는 데 한참 걸릴 것 같아."

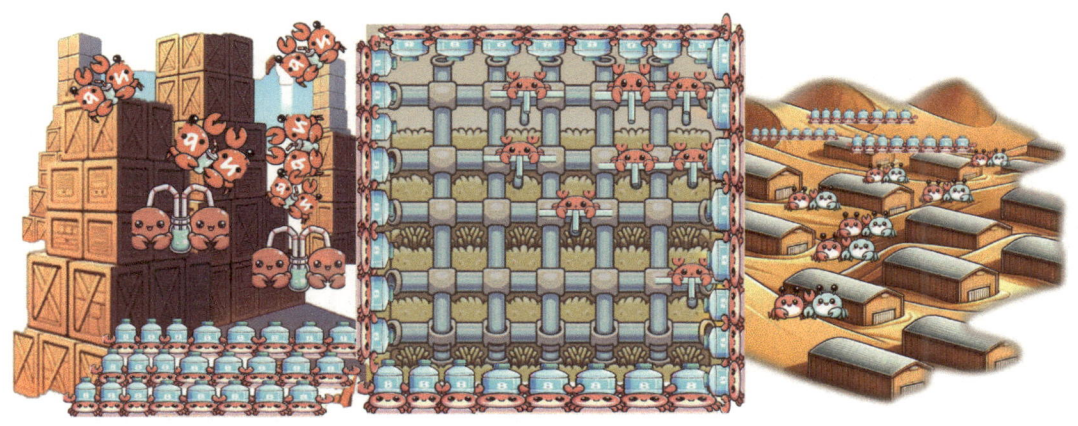

일코몽은 지금까지의 여정을 떠올리며 되짚어 봤어요.

"당장 쓰지 않는 많은 물통은 여기 아파트 같은 100층 상자 탑에 저장해 두는 것 같아. 여기 공간이 너무 커서 바로바로 옮기기 힘드니까 여기서 뺀 물통을 램 들판에 내려놓는 것 같아. 그리고 대장 시퓨가 일하기 위해 필요한 물통을 조금씩만 차례로 창고로 옮겨 주는 것 같아. 그런 다음 일이 끝나면 다시 물통을 램 들판에 가져다 두었다 쓰지 않게 되면 다시 모래 창고에 두고 이런 일을 계속 반복하면서 어떤 기록을 쓰고 다시 읽어 오고 하는 것 같아."

문제 3
다음 중 어떤 곳에서 자료를 찾을 때 가장 빠른 속도로 자료를 찾을 수 있는 순서대로 적어봅시다.

상자의 탑 　 모래 창고 　 램 들판

정답: 모래 창고 → 램 들판 → 상자의 탑

일코몽과 이코몽, 삼코몽은 엄마 나무가 어떤 기록을 읽거나 쓰려면 이 시퓨들이 필요하겠구나 하고 대장 시퓨에게 다시 달려갔어요.

대장 시퓨에게 도착한 이코몽이 정중하게 부탁했어요.
"대장 시퓨, 이제 너희들이 어떻게 일을 하는지 알 것 같아. 혹시 하모닉 장군이 엄마 나무를 고치는 것을 도와줄 수 있니?"

대장 시퓨는 기꺼이 도와주겠다고 하며 시퓨들 512마리를 불러 코몽 삼형제를 도와주고 돌아오라고 하였어요. 512마리의 시퓨들은 서로서로 집게발을 연결하더니 작은 공 모양으로 몸을 말고서 삼코몽의 가방 속으로 쏙 들어갔어요.

그림을 만드는 반딧불이 서식지

시퓨를 챙긴 코몽 삼형제는 엠비디아 해변에 난 길을 따라 계속 탐험을 하였어요.

조금 더 길을 걸어가자 아주 밝은 곳들이 나왔는데 그곳에는 반딧불들이 맑고 투명한 물 아래에서 반짝반짝 빛을 내고 있었어요.

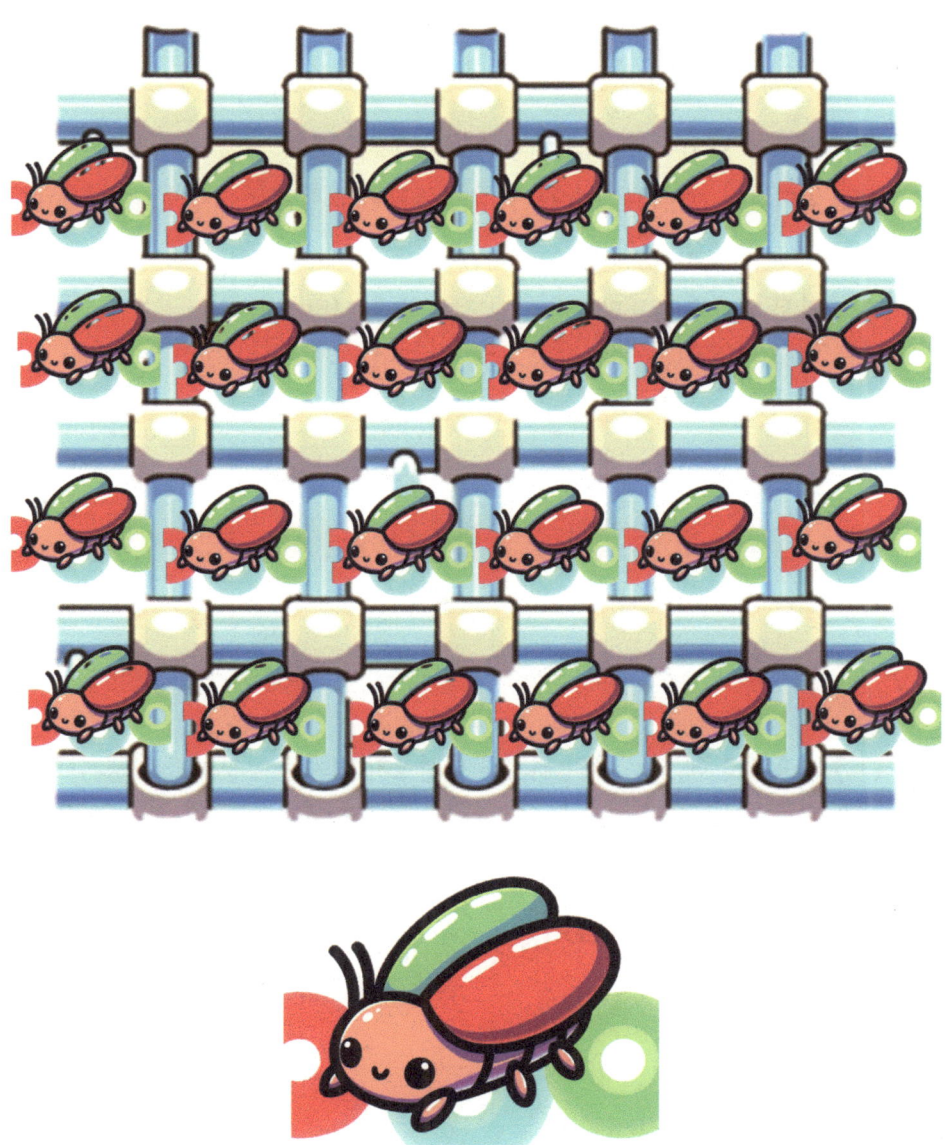

신난 삼코몽이 달려가서 살펴보니 물들이 아주 작은 관을 통해서 흐르고 있었어요.

한 층은 세로로, 한 층은 가로로 흐르는 물들은 얼핏 보니 바둑판 같은 모양이었어요.

삼코몽이 손가락을 가져다 대며 물이 흐르는 관을 눌러 보자 물결이 일렁이며 변화가 생겼어요.

삼코몽이 여기저기 손가락을 찔러 넣어 보니 얇은 관에 들어 있는 물들은 동그랗게 퍼지지 않고 그 관들이 연결된 곳들에만 물결을 전달하고 있었어요.

이코몽이 다가와서 그 모습을 자세히 보더니 말했어요.

"삼코몽, 이건 입력장치 같아. 네가 누른 위치를 정확하게 전달할 수 있는 것 같은데?"

일코몽이 다가와서 바닥에 바둑판같이 생긴 것을 슥슥 그려 주었어요.

4			
3			
2		바나나	
1			
	ㄱ	ㄴ	ㄷ

"삼코몽, 이건 좌표라고 해. 바나나의 위치를 ㄴ과 2가 겹치는 부분이라고 생각해 볼 수 있겠지? 보통 가로세로 방향을 먼저 따라가서 위치를 읽고 위아래 방향으로 진행하는 거야. 그럼 지금 바나나는 ㄴ과 2라고 할 수 있겠지? 간단하게는 (ㄴ,2) 라고 나타낼 수 있어. 잘 배웠으면 너도 형이 말하는 부분이 어느 곳인지 맞추어 볼래?"

문제 4   (ㄱ,4)에 위치에 1을 적어 봅시다. (ㄷ,1)의 위치에 2를 적어 봅시다. (ㄴ,3)의 위치에 3을 적어 봅시다.

4	1		
3		3	
2		바나나	
1			2
	ㄱ	ㄴ	ㄷ

물 아래에서는 반딧불들이 서로 다른 색깔을 내며 반짝반짝 빛을 내고 있었어요.

삼코몽은 철없이 반딧불이를 잡으려고 하였는데 이코몽이 말렸어요.
삼코몽이 반딧불이들을 신기하게 보다 모든 반딧불들이 색깔을 다르게 내고 있는 것을 보았어요.
삼코몽은 형들에게 매우 신기해하며 물어보았어요.
"형들, 어떻게 이렇게 색깔이 다 다를까?"

이코몽이 "한번 자세히 살펴볼까?" 하며 주머니에서 돋보기를 꺼내었어요.
"몸통이 반짝반짝하고 색이 있는 투명한 날개가 세 겹이 있구나. 한 날개는 빨간색이고 한 날개는 파란색이고 한 날개는 초록색인걸? 몸통 위로 날개를 얼마나 폈느냐에 따라 색이 모두 다른 것 같아."

일코몽이 돋보기를 이코몽에게 받아 들어 자세히 살펴보고는 동생들에게 이야기했어요.
"꼬리에서 나는 빛이 빨강, 파랑, 초록색 날개를 통과하면서 색이 모두 변하는 거야. 손전등 세 개를 준비하고 앞에 빨강, 파랑, 초록색의 셀로판지를 붙여서 빛을 비춰 보면 비슷한 효과를 볼 수 있어. 손전등이 꺼져 있을 때는 아무것도 보이지 않는 검정의 상태이다가 빨강, 파랑, 초록색의 빛이 겹치는 부분에서 색깔이 그림과 같이 변해. 모든 전등의 빛이 한곳에 모이는 곳에서는 하얀색이 나타나."

삼코몽이 알아차렸다는 듯 외쳤어요.

"아! 그러면 프린터도 저런 원리였구나, 형! 나는 우리가 우주선에서 보는 장면을 종이로 뽑아 주는 프린터가 엄청 신기했는데 이렇게 만들어지는 거였구나."

일코몽이 웃으며 동생에게 말했습니다.

"비슷하지만 약간 달라. 지금 우리가 보는 반딧불이는 빛이 색을 가진 투명한 날개를 통과하면서 생기는 것이고, 프린터는 잉크를 뿜어서 투명하지 않은 종이에 내보내는 방식이라 미술 시간의 물감하고 비슷해.

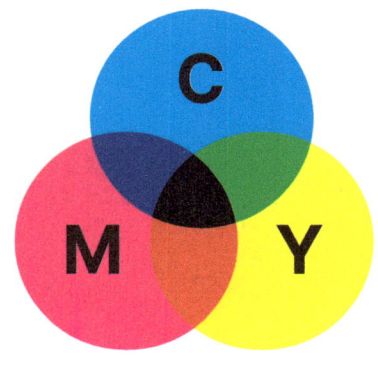

아무것도 섞지 않으면 하얀색이고, 하늘색과 분홍색을 섞어서 파란색, 노란색과 하늘색을 섞어서 초록색, 분홍색과 노란색을 섞어서 빨간색을 만드는 방법으로 작동을 해. 그리고 모든 색을 섞으면 검정색을 만들 수 있는데 그러면 검정색을 인쇄할 때 잉크가 너무 많이 낭비되니까 검정색은 검정색 잉크를 따로 사용하도록 하고 있어. 그래서 우리 우주선의 프린터 안의 잉크통도 하늘, 분홍, 노랑, 검정 이렇게 네 개가 들어간단다."

삼코몽이 일코몽의 설명을 듣고는 감탄했어요.
"우와, 정말 신기하구나, 이런 것을 어떻게 다 알고 있어? 멋져, 형!"

코몽 삼형제는 반딧불들이 있는 곳에서 멀리 떨어져서 볼 수 있는 높은 곳으로 향하였어요. 높은 곳에서 보니 반딧불들이 각각의 색깔을 뽐내며 멋진 엄마 나무의 모습을 표현하고 있었어요.

일코몽이 멋진 장면을 보며 말했어요.
"반딧불이 하나하나에 어떤 색을 표현할지 전달하면 그게 바로 우리가 볼 수 있는 장면들이야. 검정과 흰색만 표현해서 간단하게 숫자를 표현해 볼까?"

이코몽이 옆에서 거들었어요.

"형, 나도 알 것 같아, 우리가 빙고게임을 하면서 색칠하다 보면 종종 그림 같아 보일 때가 있는데 그런 원리를 이용하는 것이지?"

일코몽이 맞는다고 하면서 그림을 하나 그리고는 0과 1을 적었어요.

"1은 색칠하지 않는 칸, 0은 색칠하는 칸이야. 형이 낸 문제를 색칠해 보고 어떤 숫자인지 알아볼까?"

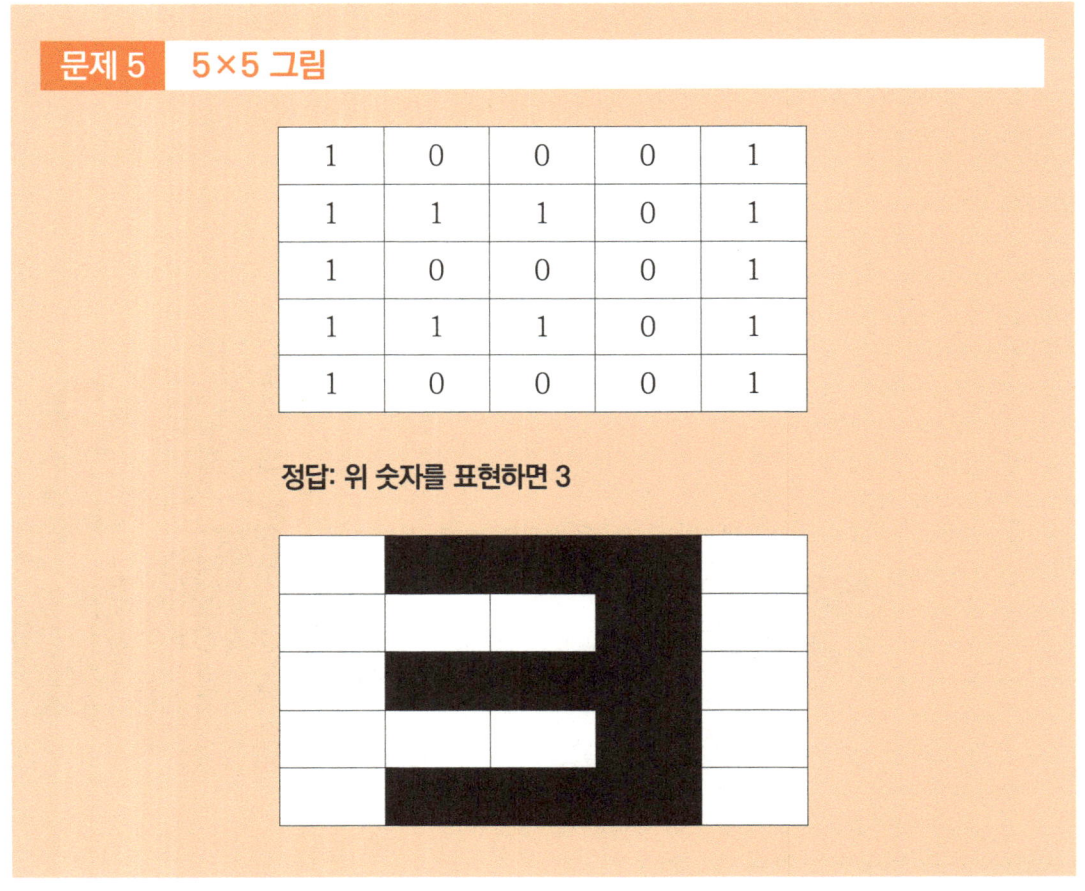

삼코몽이 잘 맞추자 이코몽도 퀴즈를 만들었어요.

"형이 낸 문제도 맞춰 봐. 내가 적은 숫자를 숫자로 표현해 볼까?"

문제 6 5×5 그림

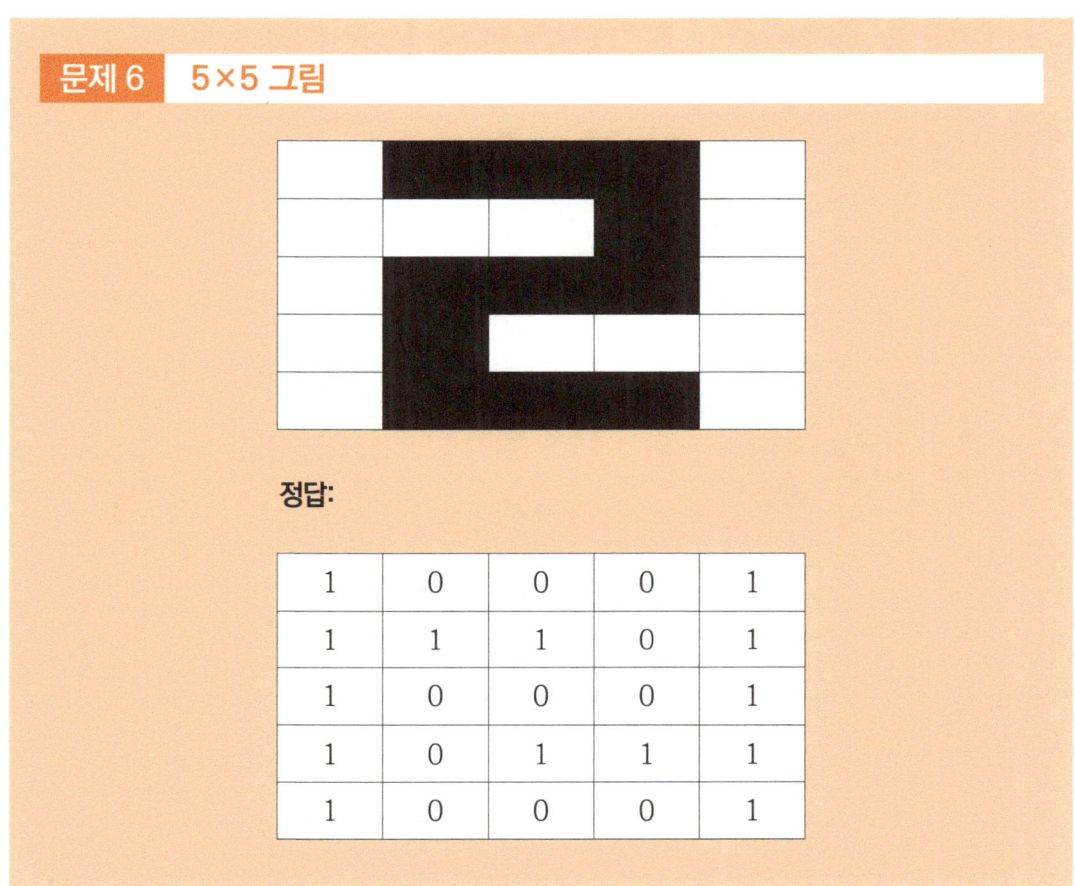

정답:

1	0	0	0	1
1	1	1	0	1
1	0	0	0	1
1	0	1	1	1
1	0	0	0	1

일코몽이 동생들이 문제를 잘 맞추자 한 가지 더 재미있는 이야기를 해 주었어요.

"우리가 친구들과 여럿이 가서 탕후루를 시킬 때, '딸기, 귤, 귤, 귤, 딸기 주세요.' 이렇게 시키지는 않지? 보통 어떻게 시킬까? '딸기 2개, 귤 3개 주세요.' 이렇게 시키지 않아? 숫자로 표현할 때도 그렇게 하면 더 간단할 거야. 위의 숫자 2도 이렇게 나타내면 어떻겠어? 1과 0이 각각 몇 개인지를 적고 1부터 항상 시작하는 거야. 그리고 1이 몇 개인지, 0이 몇 개인지 번갈아 가며 적어 보는 거야."

문제 7 이미지 압축

1 한 개	0 세 개	1 한 개	1,3,1
1 세 개	0 한 개	1 한 개	3,1,1
1 한 개	0 세 개	1 한 개	1,3,1
1 한 개	0 한 개	1 세 개	1,1,3
1 한 개	0 세 개	1 한 개	1,3,1

정답:

"잘 이해했으면 형이 내는 문제가 어떤 숫자인지 한번 맞춰 봐."

1,3,1
3,1,1
1,3,1
3,1,1
1,3,1

"잘 이해가 안 되면 힌트를 줄게. 이렇게 표현할 수 있겠지?"

1	0	0	0	1	1,3,1
1	1	1	0	1	3,1,1
1	0	0	0	1	1,3,1
1	1	1	0	1	3,1,1
1	0	0	0	1	1,3,1

정답:

"이런 방법 말고도 좀 더 복잡하게 사진을 표현하고 싶다면 미술 수업에서 명암을 넣는 것처럼 하얀색-검정색 사이를 세밀하게 구분해서 좀 더 하얀색-회색-진한 회색-검정색으로 구별해서 연필로만 그려진 그림 같은 것을 그리는 방법도 있어. 보통 0부터 255까지의 검정 진하기로 표시되는데 이런 걸 회색조라고 해. 팔레트에 물감을 짜 놓고 필요할 때마다 그 색을 붓에 칠해서 쓰는 것처럼 자주 쓰이는 색상을 등록해 두고 그 색상들 위주로 표현하는 방법도 있고 빛의 삼원색인 빨강, 초록, 파랑 값을 0부터 255까지 각각 표현해서 우리가 보는 색상을 만드는 방법도 있어."

일코몽이 동생들에게 설명을 해 주었어요.

삼코몽이 즐겁게 말하며 문제를 내고 맞히는 그 순간!

반딧불이들이 아주 잠깐 HELP라는 글자를 표시하고는 다시 원래의 엄마 나무 그림으로 돌아왔어요.

이코몽이 걱정스러운 표정으로 이야기했어요.

"바이러스 군단의 눈을 피해 도와 달라고 신호를 보내고 있었구나! 우리 얼른 하모닉에게 돌아가자."

코몽 삼형제는 서로 마주 보고 고개를 끄덕인 후 열심히 달려 하모닉에게로 돌아갔습니다.

엠비디아 해변 미션 성공

시퓨들의 퀴즈를 풀고 돌아온 코몽 삼형제는 밝은 목소리로 하모닉에게 외쳤어요.
"우리가 해냈어요, 성공했다고요! 대장 시퓨의 허락을 받아 512마리의 시퓨들을 가져왔어요, 이제 엄마 나무를 고칠 수 있어요!"

그러나 하모닉의 표정은 코몽 삼형제가 큰 성공을 거두었음에도 밝지 않았어요.
"시퓨들을 구해 줘서 고맙네. 이 시퓨들이 지금 바로 엄마 나무를 고치러 들어갈 걸세. 그런데 코몽 삼형제, 문제가 있네. 엄마 나무 속 로봇 요정들과 연락이 되지 않네. 엄마 나무 안에는 엄마 나무가 작동할 수 있도록 돕고 엄마 나무가 어떻게 일을 해야 하는지 알려 주는 요정들이 있네. 바이러스 군단이 엄마 나무를 망가뜨리는 바람에 엄마 나무 속에 살아가는 요정들도 안전한 곳으로 대피한 것 같네…."

코몽 삼형제는 물었어요.
"우리가 요정들을 다시 불러오면 되지요. 요정들을 어떻게 불러와야 하나요?"

하모닉은 말했어요.
"요정들은 엄마 나무가 고장이 나면 고르골 동굴로 대피한다고 나의 할아버지께 들었네. 해변 옆의 고르골 동굴로 가서 탐험을 하다 보면 요정들을 찾을 수 있을 게야. 내가 가야 하지만 지금 바이러스 군단의 공격이 너무 강력하여 자리를 비울 수가 없네. 자네들이 날 좀 도와주면 이 은혜를 잊지 않겠네."

일코몽은 나쁜 바이러스 군단을 무찌르는 데 도움이 된다면 기꺼이 도와드리겠다며 하모닉 장군이 전쟁에서 꼭 이기기를 바란다고 말했어요.
엠비디아 해변에서의 모험이 매우 힘들었지만 코몽 삼형제는 퓨타콤 행성의 평화를 되찾기 위해 날이 밝으면 바로 고르골 동굴을 향해 떠나기로 했어요.

고르골 동굴

이진법의 방

코몽 삼형제는 동굴의 입구에 도착했어요. 동굴의 입구는 새까만 어둠으로 빛이 한 줌도 들어오지 않았어요. 아주 작은 물줄기가 동굴 입구 밑에서 작은 웅덩이를 만들고 있었고, 누군가가 탐험을 미리 하였는지 입구 옆에 작은 전등들도 켜져 있었어요.

일코몽이 동굴의 입구를 향해 들어가려는 순간 눈앞에 별이 번쩍이고 코피가 주르륵 흘렸어요.
"아야! 이게 뭐야. 이 검은 것이 동굴 입구가 아니라 동굴을 막고 있는 돌이었구나."
이코몽이 형이 흘리는 코피를 닦아 주며 동생에게 말했어요.
"주변을 둘러봐, 어디론가 들어갈 수 있는 길이 있을지 몰라."
삼코몽은 주변을 둘러보았지만 다른 어떤 문이나 문손잡이 같은 것들을 찾을 수 없었어요.
"형들, 들어갈 수 있는 방법이 없어."
코몽 삼형제는 다시 한번 차분히 주변을 살펴보기로 하였어요.
일코몽이 다친 코를 부여잡고 하늘을 보자 동굴 입구 옆 큰 나무에 간판 같은 것이 달려 있었어요.
그 간판에는 '있음과 없음의 세계, 한번 들어오면 쉽게 빠져나갈 수 없음'이라고 붉은 글씨로 적혀 있었어요.
그 글씨를 보고 놀란 일코몽이 뒷걸음질 치다가 동굴 입구 밑에 고여 있던 작은 웅덩이를 밟자 물속에 있던 버튼이 찰카닥하고 눌렸어요. 그러자 물이 순식간에 동굴 안으로 흘러들어가며 동굴을 막고 있던 큰 바위가 쿠쿠쿵 소리를 내면서 옆으로 움직였어요.

 코몽 삼형제는 조심스럽게 동굴 속으로 들어갔어요.
 매우 이상하게도 동굴 바닥에는 작은 물줄기가 흐르고 있었고 벽에는 희미한 전등들이 켜져 있었어요.
 "빗빗, 빗빗, 빗빗." 하는 이상한 소리도 나고 있었어요.
 오래전부터 누군가가 살고 있었던 것처럼 말이에요.

 작은 물줄기를 따라가자 첫 번째 넓은 방이 나왔어요.
 코몽 삼형제가 그 방으로 들어가자마자 "쾅!" 하는 소리와 함께 큰 돌이 내려왔어요.
 큰 돌이 코몽 삼형제가 돌아갈 수 없게 온 길을 막아 버렸어요.

첫 번째 방의 벽에 있는 전등 밑으로 가자 돌로 만들어진 비석에 이렇게 적혀 있었어요.
'15, 7, 0, 9를 순서대로 입력하면 문이 열릴 것이다.'

비석 아래에는 다시 작은 물웅덩이가 있었어요.
그 물웅덩이는 네 갈래의 길을 통해 흘렀어요. 물길의 끝에는 물웅덩이가 하나씩 있었지요. 각 물길에는 스위치가 달려 있어서 스위치를 누르면 스위치에 1이란 표시가 생기면서 물이 흘러갔어요. 스위치를 놓으면 0이란 표시로 바뀌며 물이 흐르지 못하도록 되어 있었어요.

물길을 찬찬히 살펴보던 이코몽이 무언가를 발견했어요.
네 갈래의 물길이 끝나는 작은 웅덩이들의 바닥에 희미하게 무언가 적혀 있었어요.
이코몽이 오른쪽에서 왼쪽으로 웅덩이를 지나가며 웅덩이 속을 자세히 살펴보았어요. 오른쪽 첫 번째 웅덩이에는 1, 오른쪽 두 번째 웅덩이에는 2×1, 오른쪽 세 번째 웅덩이에는 2×2×1, 오른쪽 네 번째 웅덩이에는 2×2×2×1라고 적혀 있었어요.

이코몽은 형과 동생을 불렀어요.
"이게 무슨 뜻일까?, 1, 2×1=2, 2×2=4, 2×2×2=4×2=8이지 않아?"

곰곰이 생각하던 일코몽은 다시 한번 비석을 살펴보더니 소리쳤어요.
"아하! 알겠어, 15는 1+2+4+8이야. 그러니 15를 만들기 위해서는 모든 스위치를 눌러서 물을 채워야 하는 것이지 않을까? 한번 시도해 보자고."

삼코몽은 형의 말을 듣자마자 "스위치는 내가 누를 거야!" 하며 모든 스위치를 누르기 시작했어요.
삼코몽이 모든 스위치를 누르자 스위치에는 1111이라고 표시되었고 물줄기가 쪼르륵 흘러 작은 웅덩이들을 모두 채웠어요.
작은 웅덩이들에 물이 모두 차자 잠시 후 "쿠릉!" 소리와 함께 물이 모두 웅덩이 밑으로 사라지면서 스위치가 탁 튀어 오르며 0000으로 변했어요.

일코몽은 당황했어요.

"뭐야, 우리가 실패한 거야? 뭐가 잘못된 걸까?"

일코몽의 말에 이코몽이 주변을 다시 둘러보았어요.

"아니야, 형. 틀리지 않았어. 저기 비석을 봐. 비석에 숫자 15가 사라졌어."

일코몽과 이코몽은 손뼉을 부딪치며 "야호!" 외쳤어요.

삼코몽이 물었어요.

"그럼 이제 7과 0과 9를 입력하면 되겠네. 내가 어떻게 누르면 될까?"

일코몽이 삼코몽에게 설명을 해 주었어요.

"삼코몽, 스위치를 열어서 물이 차도록 만들면 바닥에 적힌 숫자를 계산한 값이 되고 물이 없는 상태는 0인 것 같아. 그럼 7은 어떻게 만들 수 있을까? 오른쪽 첫 번째 웅덩이는 물이 차면 1을 표현해. 오른쪽 두 번째 웅덩이는 2×1인 것을 보아 물이 차면 2가 되는 것 같아. 오른쪽 세 번째 웅덩이는 2×2니까 물이 차면 4를 표현하는 것 같고, 가장 왼쪽의 네 번째 웅덩이는 물이 차면 8이 될 거야. 그러면 7은 어떻게 표현할까?

오른쪽 첫 번째 웅덩이를 채우면 1이고, 오른쪽 둘째 웅덩이를 채우면 2가 되고 오른쪽 세 번째 웅덩이를 채우면 4니까 이 세 개를 더하면 1+2+4=7이구나. 그러면 가장 왼쪽의 네 번째 스위치만 건드리지 말고 오른쪽의 첫 번째, 두 번째, 세 번째 스위치를 눌러 '0111'이라고 만들면 되지 않을까?"

삼코몽은 신나게 뛰어가서 오른쪽 첫 번째, 두 번째, 세 번째 스위치를 눌렀어요.

잠시 후 또다시 쿠르릉 소리와 함께 물이 사라지며 이번에도 비석의 숫자 7이 사라졌어요.

일코몽이 더 설명해 주려고 하자 삼코몽은 입에 손가락을 갖다 대며 말했어요.
"쉿, 형, 내가 해 볼게."

| 문제 8 | 삼코몽은 0과 9를 만들려면 스위치를 어떻게 만들어야 할까요? 아래의 문제를 해결해 볼까요? |

0: ? ? ? ?, 9: ? ? ? ?

정답: 0000, 1001

삼코몽이 0과 9를 순서대로 물웅덩이로 표현하자 "쿠쿠쿠쿠궁!" 하는 소리와 함께 웅덩이 옆의 벽이 'Bit'라는 글씨를 보여 주고는 반으로 갈라져서 열렸어요.

요정 대장 픽시와 요정들

문이 활짝 열리자 그 안에는 작고 귀여운 로봇 요정들이 옹기종기 모여 있었어요.
요정들은 말없이 가슴에 있는 불을 반짝이고 있었어요.

줄을 서서 질서 있게 가슴에 있는 불을 깜빡이는 모습이 정말 대단해 보였어요.
한 요정이 코몽 삼형제를 보고 불빛을 반짝이자 모든 요정들이 코몽 삼형제를 바라보며 불을 밝혔어요.
잠시 후 요정들은 넓게 퍼져서 코몽 삼형제를 포위했어요.

요정들을 줄을 세우고 지휘하던 요정 대장 픽시가 포위된 코몽 삼형제에게 다가왔어요.
"누구냐, 어떻게 이곳까지 온 거지?"

일코몽은 차분하게 엄마 나무를 도와준 이야기를 설명하고 하모닉의 부탁을 받아서 요정들을 도우러 왔다고 이야기하였어요.

픽시 대장은 하모닉과 친구였고 비루스 군단의 대장에 대해서도 잘 알고 있다고 했어요.

비루스 군단은 여러 개의 군대가 합쳐져 있는데 이번 침략은 트로이 장군의 짓이라고 했어요. 트로이 장군의 부대는 모두 변장에 아주 능해서 점령하려고 하는 행성에 숨어서 정보를 수집하다가 때가 되면 동료들을 불러 침략을 한다고 하였어요.

이번 공격은 트로이 장군 부대가 요정들 중의 하나로 변장해서 숨어 있다가 다른 요정들이 일하는 틈을 타 요정들이 일하러 다니는 길을 미로로 바꾸어 버리고 요정들을 데려갔다고 해요.

픽시 대장은 지도 한 장을 꺼내서 보여 주었어요.

"우리 요정들이 여기 미로에 있는 것 같네. 우리를 도와줄 수 있겠나, 코몽 삼형제."

코몽 삼형제는 미로에 갇혀 있는 요정들을 구출하기 위해 무엇을 해야 하냐고 물었어요.

픽시 대장은 자신을 따라오라고 하였어요. 코몽 삼형제가 픽시 대장을 따라간 곳에는 다른 은하계와 행성들에 신호를 보내고 통신할 수 있는 장치들이 있었어요.

지구 행성의 엔트리

픽시 대장은 요정들은 지구 행성의 엔트리 사이트[1]를 통해 엄마 나무와 함께 일을 하는데 요정들의 일터를 바이러스 군단이 미로로 바꾸어 버린 것 같다고 하였어요. 요정들이 미로를 탈출해 요정들을 돌아오게 해 달라고 픽시 대장은 코몽 삼형제에게 부탁을 하였습니다.

일코몽이 말했어요.
"바이러스 군단이 만든 미로를 탈출하는 프로그램을 만들어야겠어!"

삼코몽은 이번 기회에 자신도 형들에게 프로그램을 만드는 방법을 배우겠다고 하였습니다.

일코몽, 이코몽은 엔트리 사이트를 먼저 살펴본 후 삼코몽에게 엔트리 사용 방법과 프로그램을 짜는 방법을 알려 주기로 하였어요.

먼저 일코몽은 요정들을 미로에서 구하고 미로에 갇히더라도 빠져나올 수 있도록 바이러스 군단이 만든 것과 똑같이 생긴 훈련장을 만들기로 하였어요.

일코몽과 이코몽은 엔트리 사이트의 '만들기' 탭의 '작품만들기' 페이지로 접속하였답니다.(https://playentry.org)

---

[1] https://playentry.org

일코몽과 이코몽은 여기저기 살펴보더니 삼코몽을 불렀어요.

"삼코몽, 우리는 가문 대대로 프로그램을 짜고 컴퓨터와 함께 지내 온 것 알지?"

"우리의 피에는 코드가 흐른단다. 금방 따라올 수 있을 거야. 재빨리 요정들을 구해야 하니 형들의 말을 잘 듣고 빠르게 배우길 바라."

엔트리의 화면 구성

삼코몽은 형들과 함께 먼저 엔트리가 어떻게 구성되어 있는지 살펴보았어요.

형들은 삼코몽에게 엔트리의 화면을 나눈 후 각 화면의 역할을 설명해 주었어요.

"먼저 1번 구역은 장면 탭이야. + 버튼을 눌러서 추가할 수 있어. 책에서 페이지를 넘기는 것과 동일한 역할을 하는 것 같아."

"2번 구역은 불러오기, 저장하기, 내려받기 등을 할 수 있어. 내가 만든 엔트리를 인터넷에 저장하거나 내 컴퓨터에 저장하고 불러올 수 있는 기능이야. 블록코딩으로 만들기 어려운 것들은 파이썬[2]을 활용할 수도 있고 블록으로 만든 프로그램이 파이썬이라는 언어로 바꿔서 볼 수도 있어. 지구 행성의 학생들이 학교에서 배우는 내용으로 바꿀 수도 있단다."

"3번 구역은 우리가 조립한 블록들이 작동하는 것을 확인하는 화면이야. 엔트리는 다양한 방법으로 사용자의 행동을 컴퓨터로 전달하는데, 대표적인 것이 시작하기 버튼을 누르는 거야."

"4번 구역은 오브젝트 목록이야. 오브젝트란 블록의 조립을 통해 움직이거나 변하게 할 수 있는 물체를 말해."

"5번 구역은 블록 꾸러미를 선택할 수 있는 공간인데 각각의 블록은 기능에 따라 색깔을 구별해 두었어. 초록색, 하늘색, 보라색 등 14가지 블록 꾸러미가 있는데 블록 꾸러미 중에서 내가 필요한 블록을 가져오는 형태야."

"6번 구역은 오브젝트에 모양, 소리, 다양한 특징을 만들어서 붙여 줄 수 있는 공간이야. 여행을 떠날 때 배낭에 우산도 매달고, 컵도 붙이고 손전등도 붙이는 것처럼 오브젝트에 다양한 기능을 추가하거나 삭제할 수 있는 공간이야."

"7번은 블록 꾸러미를 선택하면 각 꾸러미 안에 들어 있는 블록이 나오는데 초록 꾸러미 안에는 초록색의 블록들만 들어 있어. 혹시나 책을 보거나 다른 사람의 작품을 보고 따라서 블록을 조립할 때 색깔을 참고하면 블록 찾기가 쉬울 것 같아."

"마지막으로 8번은 실제로 오브젝트에 블록들을 붙여서 오브젝트가 어떤 역할을 수행하도록 만드는 공간이야. 화면 구성 설명은 끝이 났으니 실제로 만들기를 하며 알아보자."

---

2 PYTHON, 전 세계에서 가장 많은 사용자를 보유한 컴퓨터 프로그래밍 언어.

엔트리로 미로 탈출 훈련장 만들기

배경 추가하기

먼저 3번 영역의 오브젝트 추가하기를 눌러 볼까?

+ 오브젝트 추가하기

그리고 오브젝트 선택에서 배경 탭을 선택한 후 엔트리에서 기본으로 제공하는 배경인 '동굴 속'을 검색하고 선택해 보자. 그리고 추가하기 버튼을 눌러서 추가를 해 볼까?

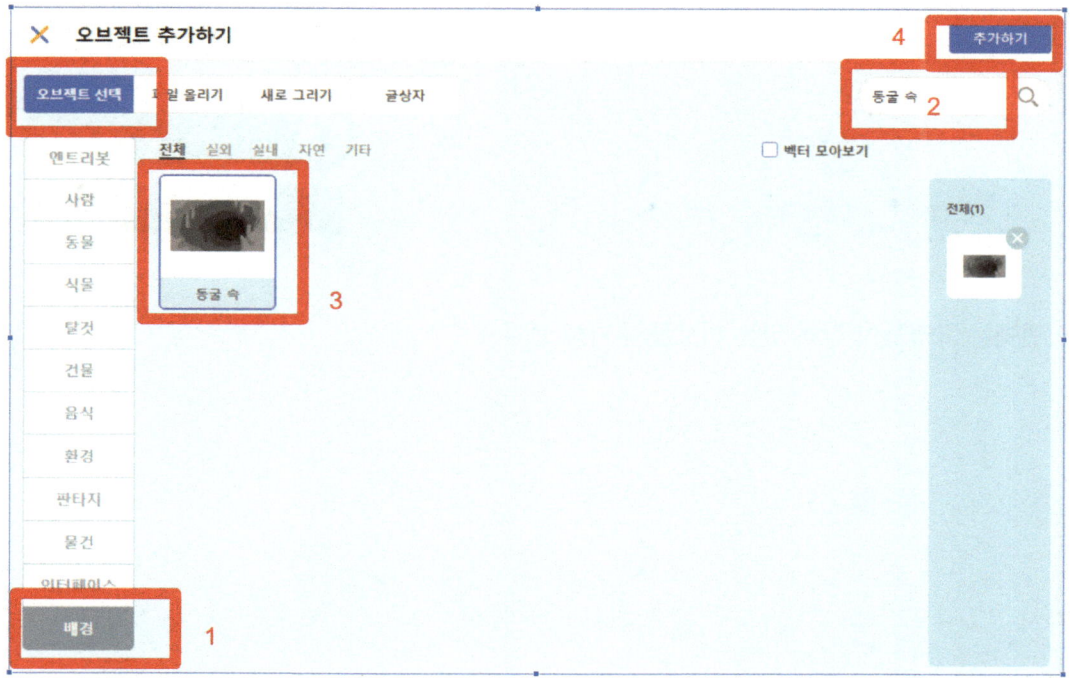

제대로 완성이 되었다면 이런 형태의 그림이 나올 거야.

이번에는 요정들이 갇혀 있는 미로를 추가해 보자.

오브젝트 추가와 배치

다시 + 오브젝트 추가하기 를 눌러서 미로 라고

친 후 돋보기 모양 검색 버튼을 눌러 보자.

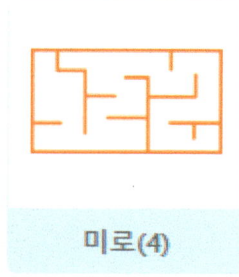

여기 나타난 미로 중 4번을 선택하고

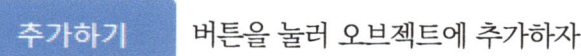 버튼을 눌러 오브젝트에 추가하자.

이렇게 미로 오브젝트가 추가된 걸 확인하였다면 마우스 왼쪽 버튼을 누른 상태로(터치를 한 상태로) 미로를 누른 상태에서 동굴 속과 둥근로봇 사이로 미로를 올린 다음 마우스 왼쪽 버튼을 떼서(터치를 해제) 동굴 배경 위쪽에 미로 배경이 나타나도록 해 줘야 해. 만약 이미 미로가 보인다면 이 과정은 생략해도 좋아.

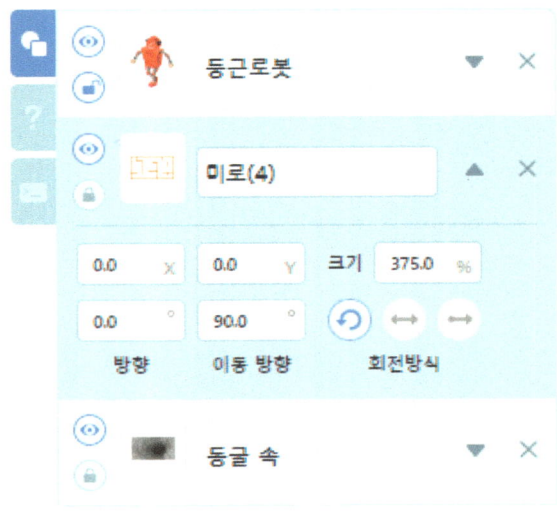

이제 우리가 조종할 로봇 요정 오브젝트를 추가할 차례야.

를 누르고 검색 창에

'둥근로봇'을 입력 후 을 선택해.

둥근로봇은 동굴 배경과 바위 오브젝트와는 달리 모양이 세 가지로 나와 있는데 모양 바꾸기를 활용하면 여러 모양을 순서대로 움직이게 하여 마치 그림이 움직이는 것 같은 효과를 나타나게 할 수 있어.

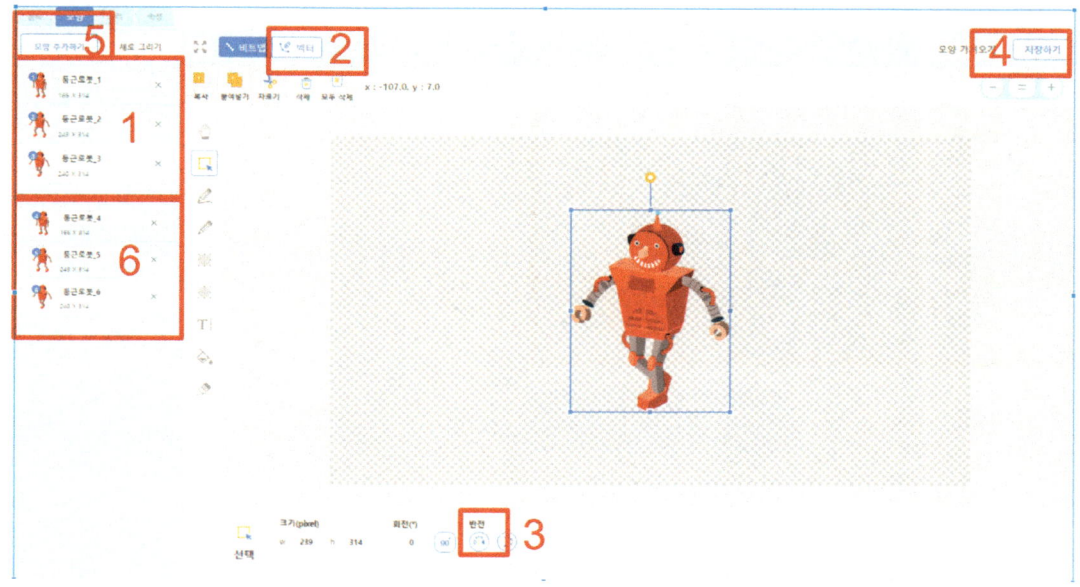

둥근로봇 1, 2, 3 모든 모양을 각각 벡터 버튼을 눌러 벡터 이미지로 만들고 반전 버튼을 누른 후 저장해서 오른쪽을 보고 걷는 모양으로 만들도록 하자.

그리고 한 번 더 로봇 모양을 추가를 해서 왼쪽을 보고 걷는 모습도 만들도록 하자.

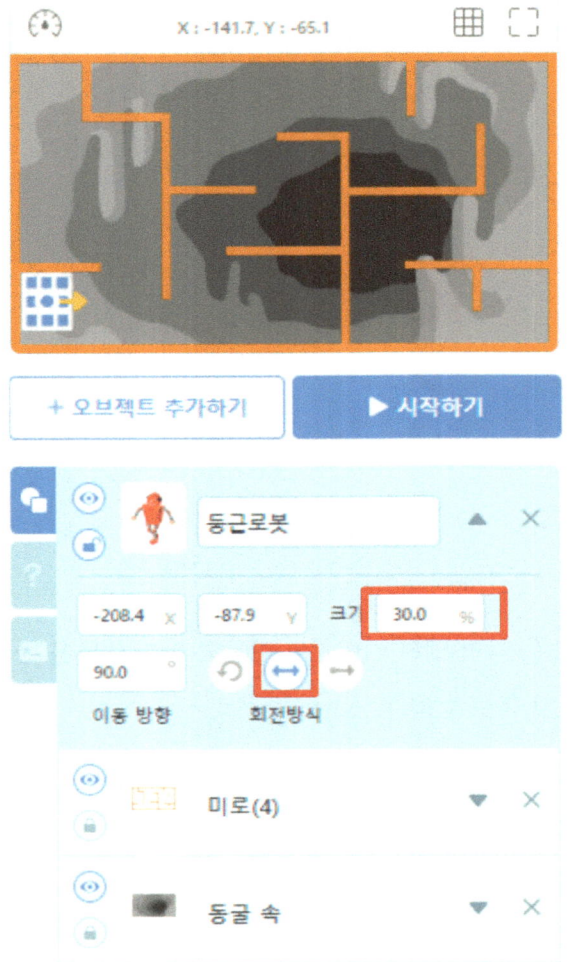

방향을 바꾼 둥근로봇 오브젝트를 화면 왼쪽 아래에 배치하고 크기를 적당히 줄여 주면 (30% 정도로 하면 적당해. 어렵게 하고 싶다면 더 크게, 더 쉽게 하고 싶다면 더 적게 줄이면 되겠지?) 미션 수행을 위한 기본적인 오브젝트들을 모두 배치한 것이야. 또 회전 방식을 360도 회전에서 좌우 회전으로 제한해 주면 좋아.

사용자의 행동을 확인하고 실행

이제 둥근로봇을 이동하기 위해 블록을 조립해 보자.
우선 우리가 한 행동을 로봇이 수행하기 위해 초록색의 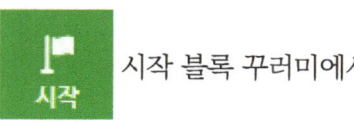 시작 블록 꾸러미에서

 를 4번 반복하거나 블록을 선택한 상태에서

마우스 오른쪽 버튼을 클릭하여 코드 복사&붙여넣기를 4번 반복해 보자.

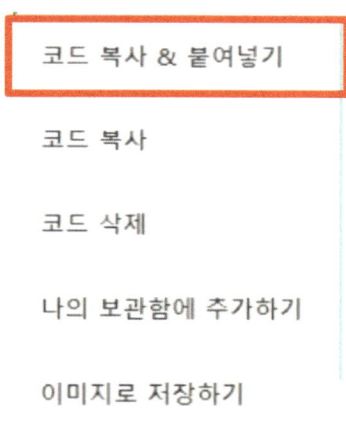

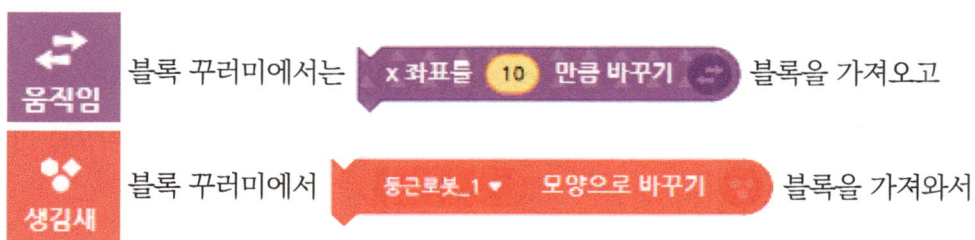

로봇이 좌우로 이동할 때 보는 방향을 바꾸게 만들어 주자.

이렇게 만들어서 시작하기 버튼을 눌러 봐.

삼코몽이 한참을 로봇을 조종하더니 일코몽과 이코몽을 불렀어요.
"형들, 그런데 문제가 있어. 미로에 닿아도 아무런 일이 생기지 않고 심지어 화면 밖으로 사라지기도 하잖아?"

일코몽은 미로에 닿았을 때 어떻게 하라는 명령이 없어서 그렇다고 하며 이제는 미로에 닿으면 어떻게 될지를 만들어 보자고 하였어요.

정보를 담는 그릇, 변수

우선 미로에 닿은 횟수를 계산하기 위해 변수를 하나 추가해 보도록 하자.

먼저 속성에 들어가서 변수 추가하기를 누르고

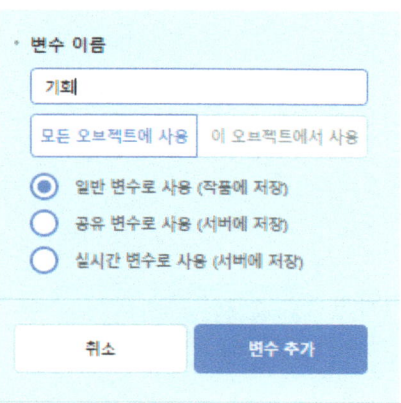

변수 이름을 기회로 만들자.

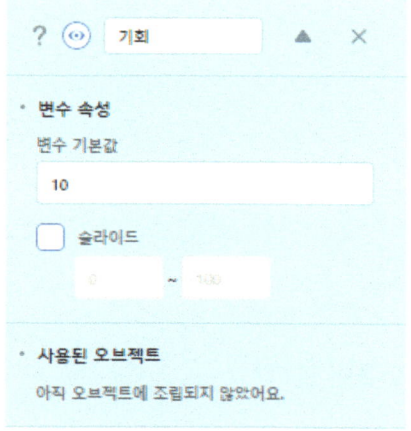

10번 안에 미로를 탈출하도록 만들었어.
만약 더 어렵게 하고 싶다면 기회를 줄여도 좋아.

조건에 따라 작동하게 만들기

미로에 닿으면 처음 위치로 돌아감

이제 미로에 닿으면 처음 위치로 돌아가도록 만들어 보자.

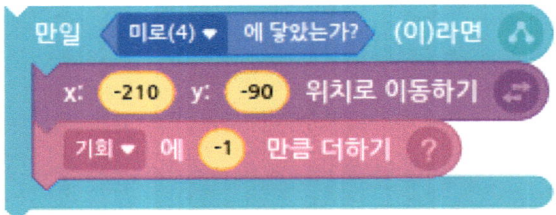

이렇게 만들어야 해.

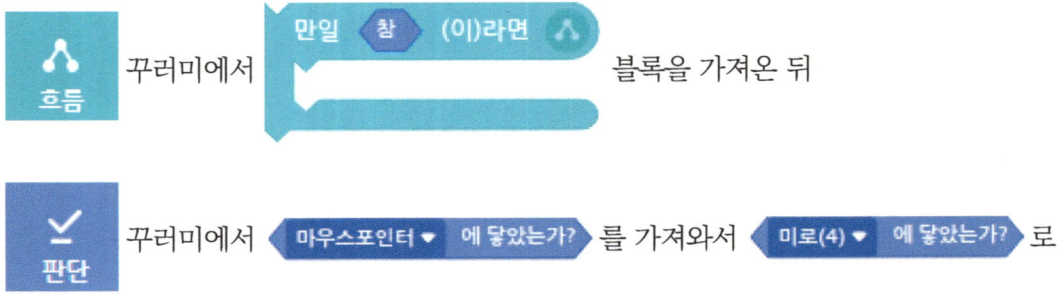

바꾼 뒤 참(육각형) 자리에 끼워 넣도록 해.

그러면 이렇게 블록이 조립이 된 걸 볼 수 있을 거야.

그 후에 미로에 닿으면 처음 시작하는 위치로 돌아가도록 만들어 볼까?

꾸러미에서  블록을 가져온 후

처음 로봇을 놓아두었던 -210, -90의 위치로 이동하도록 블록을 조립하고

꾸러미에서  블록을 가져온 뒤에

숫자 10을 -1로 바꾸면 미로에 닿았을 때 처음 위치로 이동하고 기회가 1만큼 줄어드는 코드를 완성했어.

기회가 0이 되면 처음부터 다시

이제 기회를 모두 써서 기회가 0이 되면 구출에 실패했음을 알리고 처음부터 다시 시작하도록 만들어 보자.

이렇게 만들어야 해.

꾸러미를 눌러  를 가져오자.

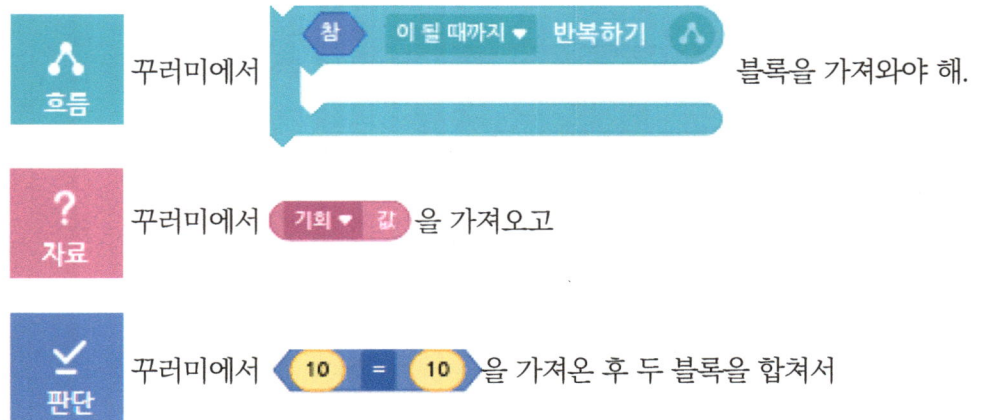

기회 값=0으로 만들어 주는 거야. 그러면 기회를 모두 사용할 때까지 계속 미로에 닿으면 처음 위치로 이동하고 기회가 1만큼 줄어드는 것을 반복하겠지? 이렇게 어떤 조건을 만족할 때까지 반복 수행하는 흐름 안에 아까 전에 만들었던 미로에 닿았을 때 행동을 나타내는 블록을 넣어서 조립해 주자.

그리고 기회값이 0이 된다면 구출에 실패했음을 알리기 위해 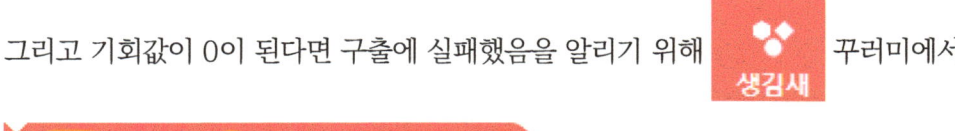 꾸러미에서

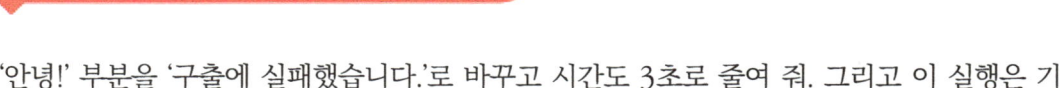 를 가져와서

'안녕!' 부분을 '구출에 실패했습니다.'로 바꾸고 시간도 3초로 줄여 줘. 그리고 이 실행은 기회가 0이 된 다음에 실행되어야 해서 블록의 바깥쪽에 넣어 주어야 해.

다시 도전할 수 있도록 만들어 주는 거야.

일코몽은 여기까지 설명한 후 이코몽에게 그다음 설명을 부탁하였어요.

이코몽이 다정하게 삼코몽에게 말하였어요.
"이제 마지막으로 구해야 될 요정들을 배치하고 성공의 조건을 만들 차례야."

다른 오브젝트에 코드 추가

이제 구해야 될 요정들을 추가해 보자.

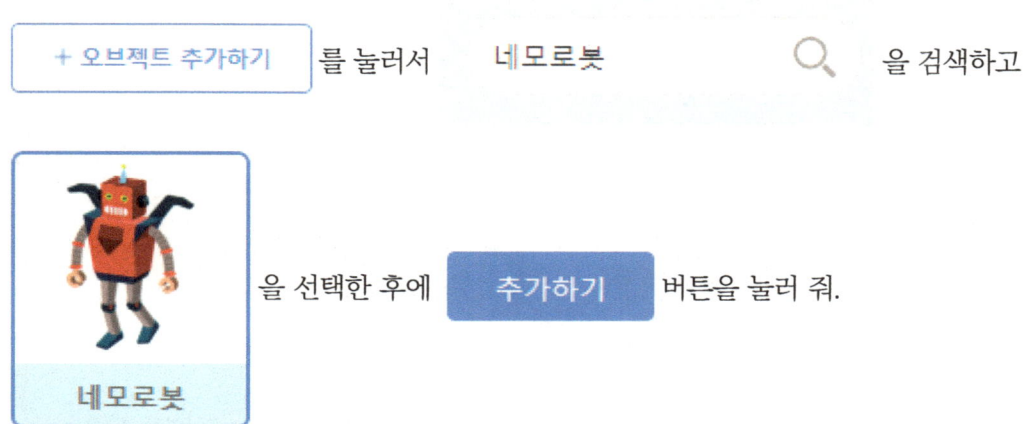

이걸 세 번 반복해서 네모 로봇을 3개 추가해 주자. 얘들이 요정의 역할이야.

이런 순서로 배치가 되어 있어야 하고 크기는 적당하게 35% 정도로 설정해 볼까?

그리고 각 요정들의 위치를 미로 속에 적절하게 배치해 보자.

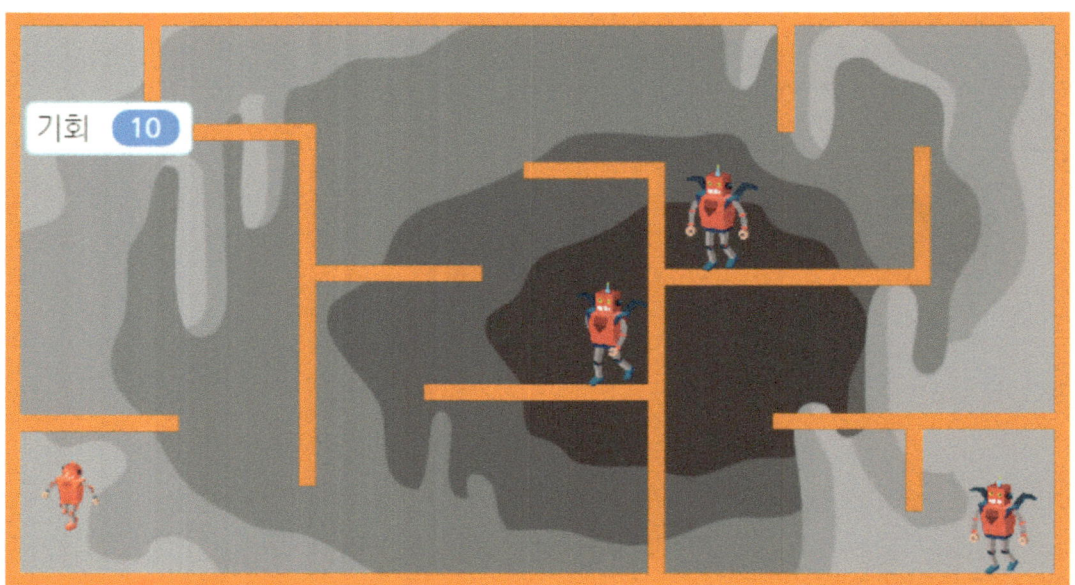

나는 이런 모습으로 배치를 했어.

구출한 요정의 수를 담을 변수 추가

이제는 요정들을 구출한 수를 기록할 변수를 만들어 보자.

속성 탭으로 들어가서 변수를 클릭하여 선택한 후 변수 추가하기 버튼을 눌러 보자.

변수 이름은 어떤 것을 해도 좋지만 나는 요정들을 구출한 수를 의미하는 '구출'이라고 정했어.

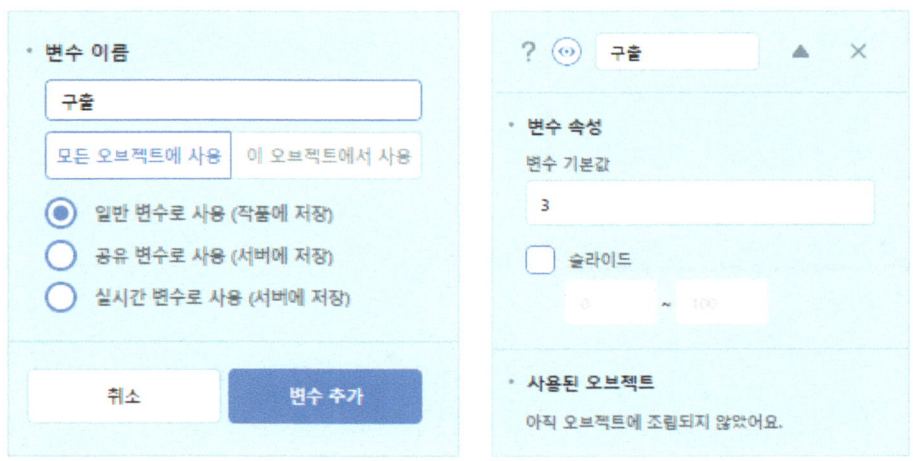

그리고 구출의 기본값은 3으로 정하고 요정이 구해질 때마다 1씩 줄어들도록 만들 거야.

요정이 구출되었을 때 코드 만들기

지금부터는 네모로봇 1, 2, 3에 각자 코드를 작성해 주어야 해.

우선 네모로봇 오브젝트를 클릭하여 선택해 보자.

🐞 네모로봇   블록 0 개

그러면 블록 조립 공간에 이렇게 네모로봇 오브젝트가 선택되었음을 알려 주도록 나타날 거야. 그 후 이렇게 둥근로봇에 닿으면 크기가 커지면서 회전해서 구출이 되었다는 효과를 나타나게 하고 구출되었으니 모양을 사라지게 할 거야. 그 후 구출 변수에서 값을 하나 줄여 주도록 하자.

모두 완성한 블록은 아래와 같아.

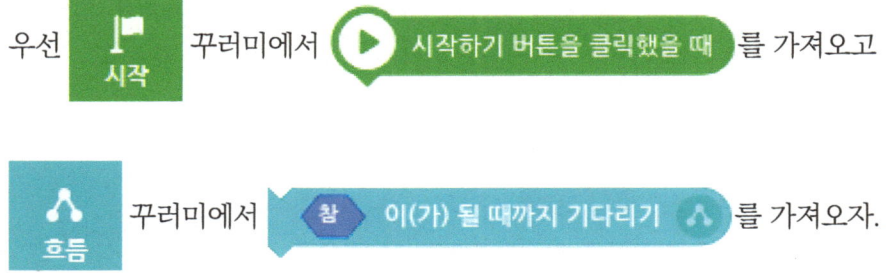

우선 시작 꾸러미에서 시작하기 버튼을 클릭했을 때 를 가져오고

흐름 꾸러미에서 참 이(가) 될 때까지 기다리기 를 가져오자.

꾸러미에서  를 가져와서

동근로봇에 닿았는가? 로 바꾸자.

그리고 참 자리에 끼워서

이 모양이 되게 조립해 보자.

동근로봇에 네모로봇 요정이 닿았다면 네모로봇 요정이 커지면서 빙글빙글 돌게 하여 구출에 성공했음을 알리는 효과를 나타내어 보자.

꾸러미에서 크기를 20 만큼 바꾸기 를 가져와서

노란색 동그라미 부분의 숫자를 20으로 바꾸어 보자. 더 크게 변하기를 원한다면 더 큰 숫자를 써도 좋아!

꾸러미에서  블록을 가져와서

마찬가지로 2초를 1초로, 숫자 90을 185로 바꾸어 보자. 시간을 줄이면 빠르게 회전을 하고 늘리면 천천히 회전을 할 거야. 그리고 뒤의 숫자는 숫자가 클수록 많이 회전하지만 15° 단위로 0~345까지만 입력이 가능해!

구출한 요정들은 더 이상 보이지 않게 꾸러미에서

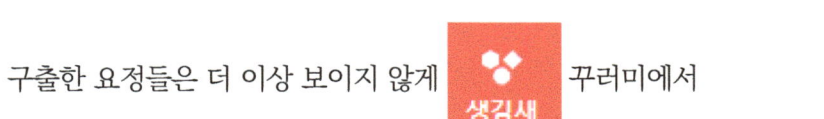 블록을 가져와서 조립해 주고 구출 변수의 값을 1 감소시키도록 해 볼까?

? 자료 블록에서  를 가져와서

노란 부분의 숫자 10을 -1로 바꾸어 주자.

이렇게 하면 둥근로봇 오브젝트가 네모로봇 요정 오브젝트에 닿았을 때 블록을 모두 조립한 것이야. 그렇지만 우리에게는 아직 구출해야 할 네모로봇 요정이 둘이나 더 있으니 다시 각각 선택하여 모두 같은 블록을 조립해 봐야겠지?
그렇지만 똑같은 일을 여러 번 하려면 너무 귀찮을 거야. 그래서 엔트리에는 코드 복사&붙여넣기 기능이 있어.

우리가 완성한 블록 꾸러미에서 마우스 오른쪽 버튼을 눌러 보자.

이렇게 다양하게 선택할 수 있도록 창이 나타나는데 코드 복사를 선택해 보자.

그리고 네모로봇1 오브젝트를 선택하여 블록 조립창에 네모로봇1 이 되어 있는지를

확인하고, 블록 조립창 빈 공간에 마우스 오른쪽 버튼을 눌러

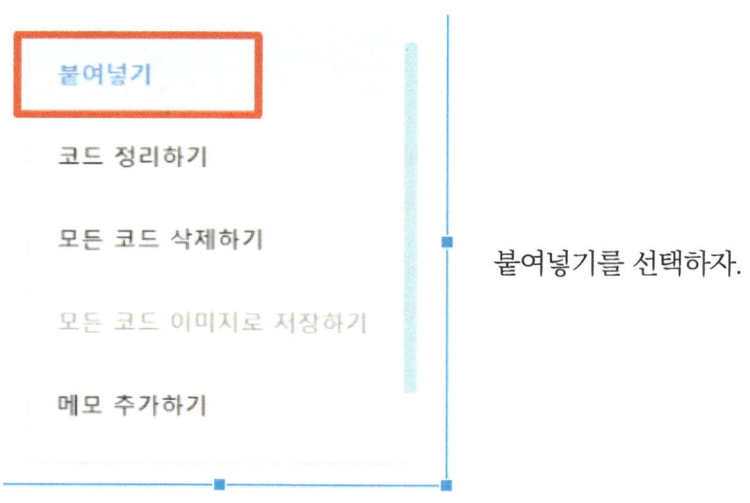

붙여넣기를 선택하자.

그러면

아까 우리가 조립한 블록이 그대로 나타나는 것을 확인할 수 있을 거야!

이 과정은 키보드로 복사는 ctrl 키와 c 키를 순서대로 함께 누르고 붙여넣기는 ctrl 키와 v 키를 순서대로 함께 눌러서 해결할 수도 있어. 자주 쓰일 테니 기억해 두도록 해, 삼코몽.

순찰하는 비루스 군단 만들기

이번에는 훈련을 위해 순간 이동하며 미로를 순찰하는 비루스 군단을 만들고 그 로봇에 닿으면 기회가 줄어들면서 미로의 시작으로 보내지도록 하는 코드를 만들어 보자.

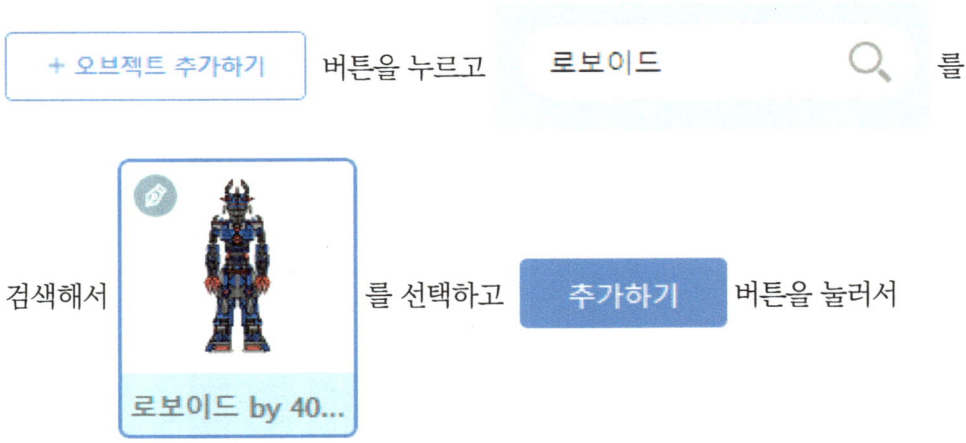

오브젝트 추가를 해 보자.

오브젝트의 크기값을 적당히 40퍼센트 정도로 설정해 볼까?

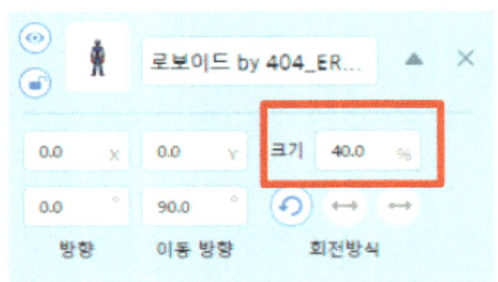

그리고 블록 꾸러미에서 블록들을 가져와서 시작하기 버튼을 누르면 기회가 모두 사라질 때까지 순간 이동을 하며 순찰을 도는 비루스 군단을 만들 거야.

블록 조립 공간에 🧍 로보이드 by 404_ERROR 인 것을 확인하고 블록 조립을 시작해 보자.

시작 꾸러미에서 `시작하기 버튼을 클릭했을 때` 를 가져오고

흐름 꾸러미에서 `참 이 될 때까지▼ 반복하기` 를 가져오자.

판단 꾸러미에서 `10 = 10` 블록을 가져온 후

자료 꾸러미의 `구출▼ 값` 블록을 왼쪽에 끼우고 오른쪽의 숫자 10을 0으로 만들어서 참 자리에 넣어 조립해서

`구출▼ 값 = 0 이 될 때까지▼ 반복하기`

모양으로 블록을 조립하자.

움직임 꾸러미에서 `x: 0 y: 0 위치로 이동하기` 블록을 가져오고

83

 꾸러미에서 0 부터 10 사이의 무작위 수 를 두 개 가져오자.

그리고 숫자에 집어넣어서 x는 -200과 200 사이, y는 -100과 100 사이의 무작위 수를 입력해서 이런 모양으로 조립해 줘.

이렇게 하면 비루스 군단 로봇이 순찰을 위해 화면 속의 아무 장소로 순간 이동을 할 거야. 그리고 순간 이동을 한 자리에서 잠깐 둘러보는 장면을 만들기 위해서

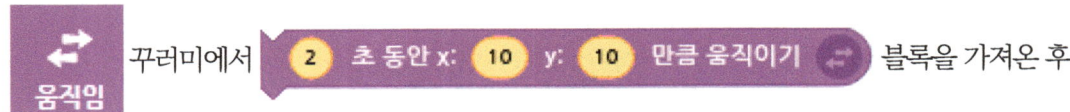 블록을 가져온 후

2초를 3초로 바꾸고, 위와 마찬가지로

 꾸러미에서 0 부터 10 사이의 무작위 수 를 두 개 추가하여

숫자를 -20부터 20까지로 바꾸어 주자. 그리고 조립을 해서

이런 모양으로 만들면 순간 이동 후 주변을 둘러보는 것처럼 행동할 거야.

그리고 혹시나 벽을 넘어가면 안 되니 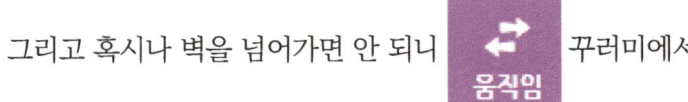 꾸러미에서

화면 끝에 닿으면 튕기기 블록도 하나 추가해서 완성해 주자.

요정이 순찰하는 비루스 군단 만날 때

이제 둥근로봇 오브젝트를 다시 선택해서 비루스 군단 로봇과 만났을 때 어떤 일이 생기게 할지를 추가해 주어야 해.

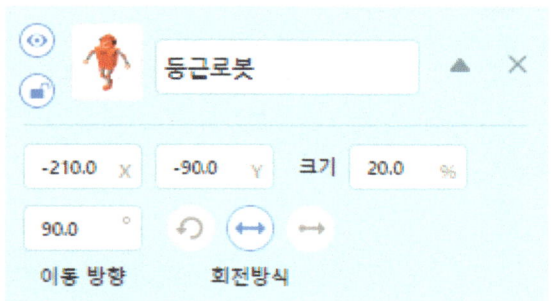 오브젝트를 선택해서

블록 조립판이 🏃 둥근로봇 인 것을 확인하였다면 우리가 이전에 짜 두었던 많은 블록들이 조립되어 있을 거야.

이 블록만을 선택하기 위해 가장 바깥의 '만일 ~이라면' 블록을 마우스로 클릭하여 선택하면

이렇게 노란색 테두리가 생길 거야. 이렇게 되어 있을 때 마우스 오른쪽 버튼을 클릭하여

를 선택하고

복사된 블록을 아래쪽에 조립해 보자.

이렇게 만들었다면

새로 추가한 블록의 `미로(4)에 닿았는가?` 를 `로보이드 by 404_ERROR에 닿았는가?` 로 바꾸어서

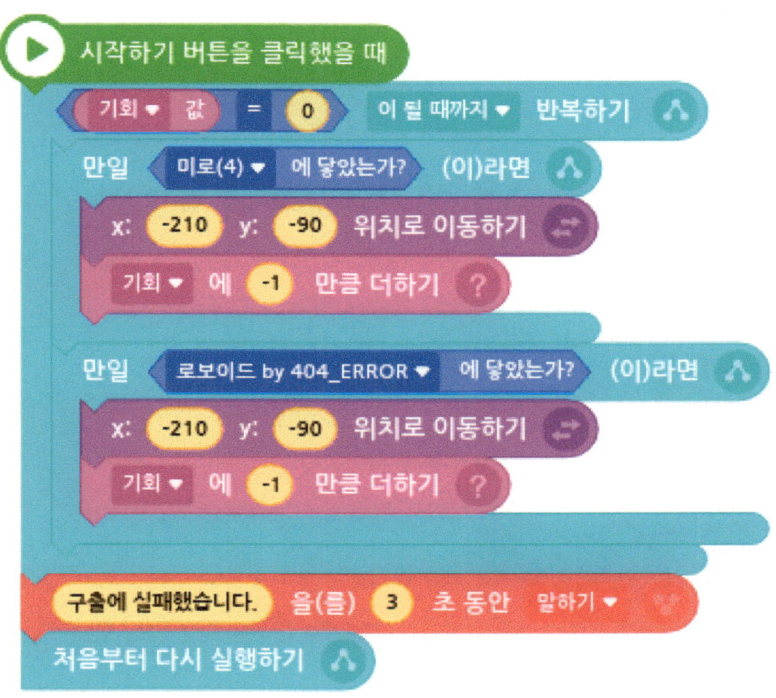

이렇게 추가를 하고 마지막으로 바이러스 군단에 닿았을 때는 "으악!" 하는 말을 하도록 만들어 보자.

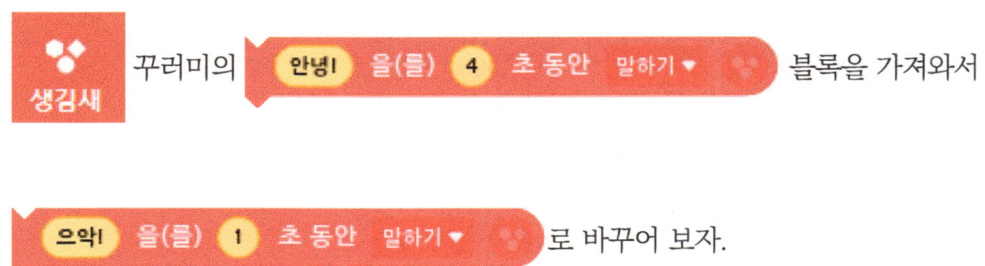

그리고 순서로 조립하여

이렇게 비루스 군단에 닿으면 "으악!" 소리를 내고 처음 시작하는 위치로 돌아간 후 기회가 줄도록 해 보자.

미로 탈출을 성공했을 때

"휴, 힘들어. 이제 잠시 쉬었다가 다시 일코몽 형이 가르쳐 줄 거야. 세 명의 요정을 모두 구출하였다면 동굴 속 미로를 탈출하여 다른 곳이 나오고 성공하였음을 알리는 축하 메시지가 나오도록 만들어 볼 거야."

일코몽이 말하자 삼코몽은 화장실을 후다닥 다녀오고는 빨리 완성하여 요정들을 구하자고 일코몽을 재촉하였어요.

일코몽이 삼코몽에게 친절히 설명을 시작하였어요.

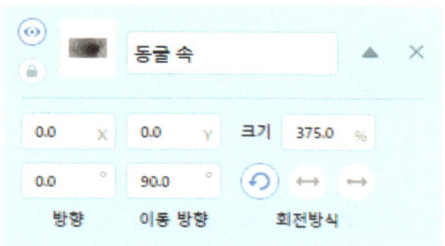

이번엔 배경 오브젝트에 코드를 작성할 거야. 배경이 되었던 동굴 속을 눌러 선택하고 블록 조립 판에 ▇▇ 동굴 속 인지 확인하자.

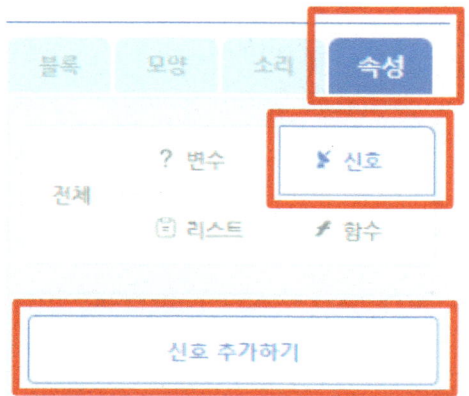

'속성-신호-신호 추가하기'를 차례대로 눌러 신호를 하나 추가해 보자.

 나는 신호의 이름을 '구출완료'로 했는데

다른 이름으로 해도 좋아.

 만들어 놓은 신호를

확인할 수 있어.

이렇게 블록을 조립해야 해.

꾸러미에서 <시작하기 버튼을 클릭했을 때> 을 가져오고

꾸러미에서 <참 이(가) 될 때까지 기다리기> 를 가져오자.

꾸러미에서 <10 = 10> 을 가져오고

꾸러미에서 <구출▼ 값> 을 가져온 뒤 조립해서

 이렇게 만든 뒤 조립하여

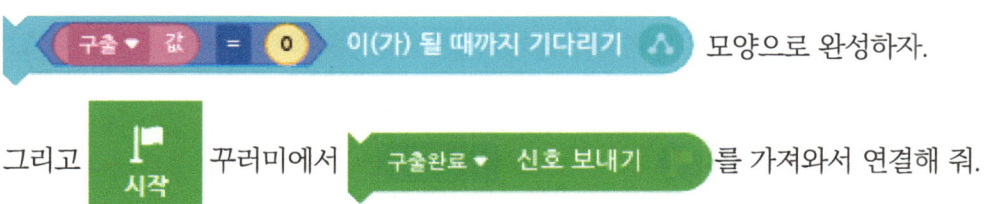 모양으로 완성하자.

그리고  꾸러미에서  구출완료▼ 신호 보내기 를 가져와서 연결해 줘.

이제 요정들이 모두 구출되면 구출완료 신호를 보내는 코드를 완성했어.

그리고 구출완료 신호가 오면 다음 장면을 시작하도록 만들어 보자.

꾸러미에서 구출완료▼ 신호를 받았을 때 와

다음▼ 장면 시작하기 을 가져와서 연결해 주자.

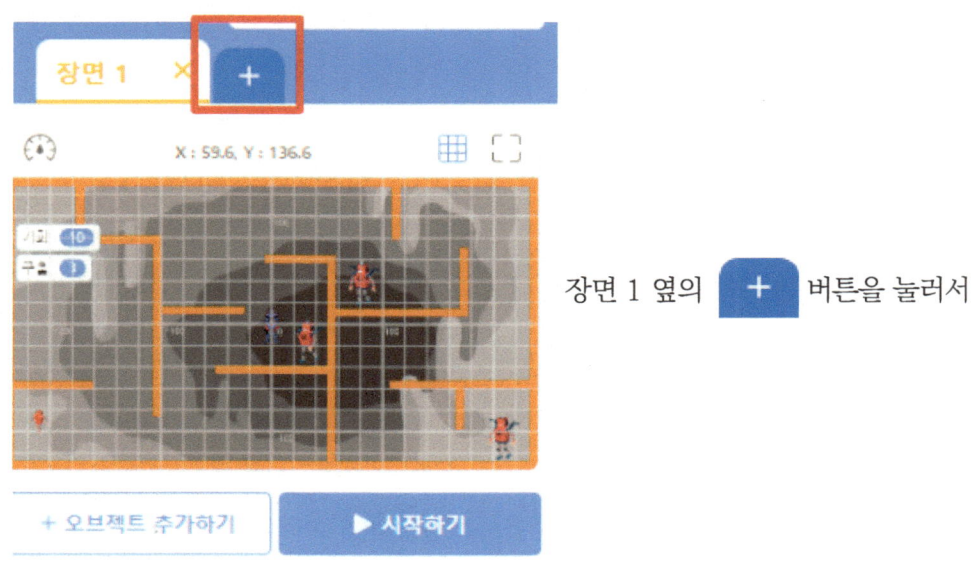

장면 1 옆의 ➕ 버튼을 눌러서

장면 1 장면 2 × 장면 2를 추가하자.

+ 오브젝트 추가하기 버튼을 눌러 배경을 추가할 거야.

폭포 를 검색해서

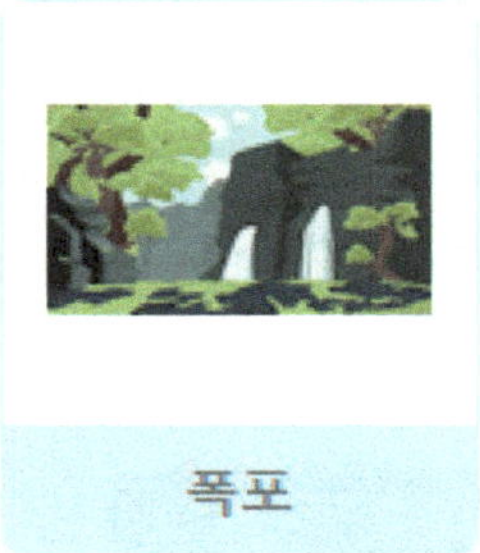

배경을 선택하고,

추가하기 를 눌러 배경을 추가하자. 물론 마음에 드는 다른 배경을 선택해도 좋아.

블록 글상자 소리 속성 블록 옆의 글상자 탭을 클릭하여

글상자 이름을 '글상자' 또는 원하는 이름으로 설정하자.

글상자 나는 글상자라고 적었어.

그 후

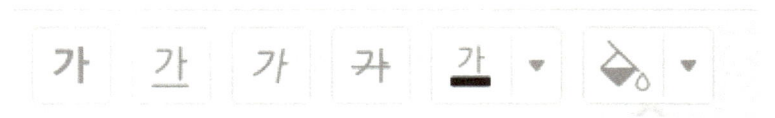

글상자 속성 창에서 글상자의 배경을 지우려고 해.

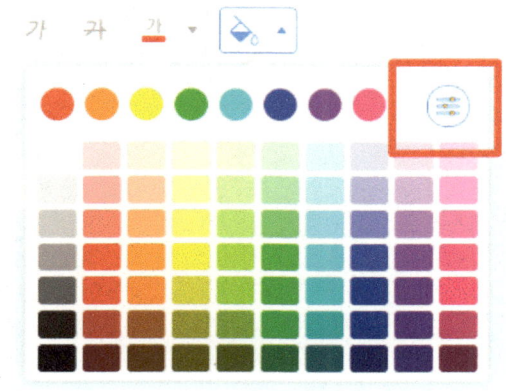

배경 페인트 통을 눌러서 선택하면 이런 모양의 팔레트를 볼 수 있는데 빨간 네모 안의 조절 막대 버튼을 누르면

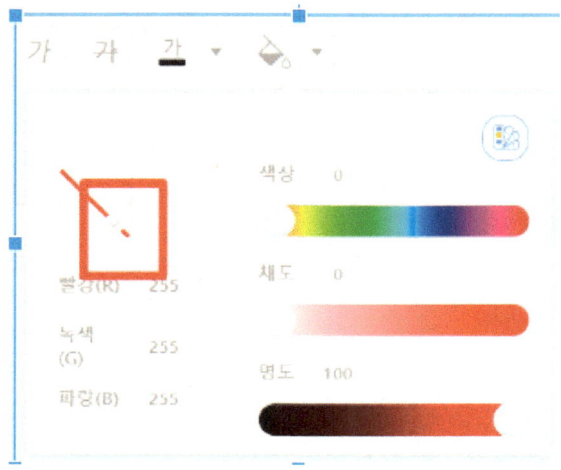

색 조절 막대들이 나타나고 빨간색 네모 안의 체크 표시를 해제하면 배경이 없는 글상자로 변한단다.

이렇게 폭포와 글상자가 모두 추가되었는지 확인하고

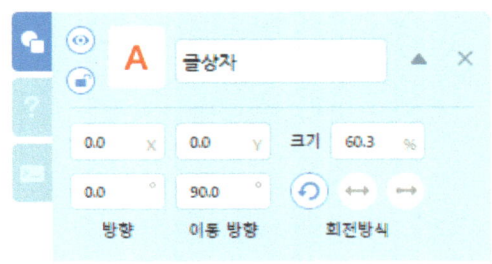

글상자 오브젝트를 선택하고 블록 조립판이 ⟨가 글상자⟩ 인 것을 확인한 후
블록을 조립해 보자.

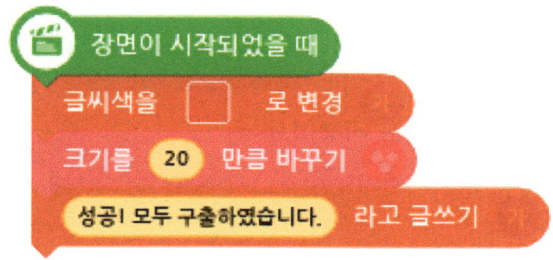

장면 2가 시작되면 글상자의 글씨를 빨갛게 바꾸고 크기가 커지고 "성공! 모두 구출하였습니다."라고 나오도록 할 거야.

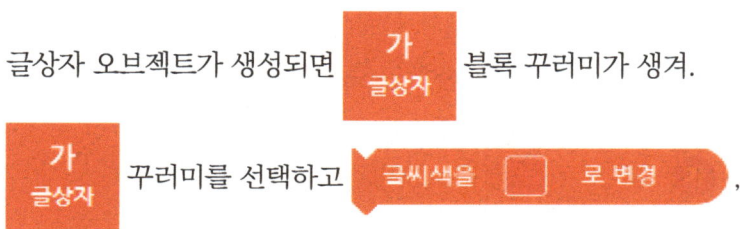

엔트리에서 글쓰기 블록을 가져와서 "성공! 모두 구출하였습니다."로 바꾸어 주자.

중간에 크기를 크게 하기 위해

픽시 대장에게 훈련 프로그램 완성을 알리다

　코몽 삼형제는 훈련 프로그램을 완성하고 기뻐서 환호성을 질렀어요.
　그리고는 요정 대장 픽시에게 달려가 훈련 프로그램을 완성하였으니 요정들을 구출해 오자고 하였어요.

　픽시는 신중하게 프로그램을 보더니 매우 만족한 표정을 지었어요.
　"훌륭하군, 고맙네. 코몽 삼형제."
　잠시 후 몇몇 요정들이 코몽 삼형제가 만든 프로그램을 통해서 열심히 연습을 하는 모습이 보였어요. 프로그램을 만드느라 지친 코몽 삼형제가 잠에 곯아 떨어졌을 때, 픽시 대장은 요정들을 보내 미로에 갇혀 있는 요정들을 구출해 왔어요.

　이튿날 아침, 픽시 대장과 미로에서 탈출한 요정들은 코몽 삼형제에게 감사의 인사를 전하며 맛있는 음식을 대접하였어요. 여러 요정들이 탈출한 덕분에 엄마 나무도 다시 잘 자라고 작동할 수 있게 되었다고 하였어요. 픽시 대장은 하모닉 장군을 도와줄 요정 두 명과 맛있는 음식들, 우주선 수리에 필요한 몇몇 부품들과 함께 코몽 삼형제를 하모닉 대장에게 보내 주었어요.

고르끌 동굴 미션 성공

　픽시와 요정들을 도와 엄마 나무 퓨타콤에 물을 줄 수 있게 된 코몽 삼형제는 하모닉에게 돌아와서 의기양양하게 그간의 이야기를 전하였어요.
　하모닉은 이제 엄마 나무가 퓨타콤 행성을 다시 지켜 낼 수 있게 되어서 매우 기뻐했어요.

작말산

　하모닉은 코몽 삼형제에게 마지막 부탁이라며 작말산의 거미 여왕 오페나이를 찾아가서 바이러스 군단이 다시 침입할 경우 방어할 수 있는 인공지능 방어막을 만들 방법을 찾아 달라고 하였어요.
　코몽 삼형제는 이번에도 하루를 쉬고 작말산을 찾아 길을 떠났어요.
　작말산으로 향하는 길은 쉽지 않았어요.
　작고 말랑해서 작말산이라고 하였는데 전혀 작지도 않고 딱딱하게 이어진 돌길의 연속이었답니다. 길도 꼬불꼬불하게 이어진 것이 마치 거미줄 위를 걷는 것 같았어요.

작말산의 거미 여왕 오페나이

작말산에 도착한 코몽 삼형제는 한 거미가 열심히 거미줄을 이 나무 저 나무에서 연결해서 거미줄 뭉치가 있는 곳으로 연결하는 것을 보았어요.

코몽 삼형제는 거미에게 다가가 자기소개를 한 뒤 작말산의 거미 오페나이를 찾아왔다고 이야기하였어요.

작은 거미 퍼셉은 밝게 웃으며 말했어요.

"너희들이 소문으로 듣던 코몽 삼형제구나. 하모닉 장군을 도와서 우리 퓨타콤 행성을 돕고 있다는 것은 들었어. 하지만 오페나이는 여기 없어."

코몽 삼형제는 깜짝 놀라 그러면 오페나이를 어디에 가서 찾을 수 있냐고 물었어요.

퍼셉은 오페나이는 거미 하나가 아니라 퍼셉 같은 거미들 여럿이 모여서 만든 마을을 오페나이라고 한다고 하였어요.

퍼셉은 작말산의 식물, 곤충, 나무, 흙 등 다양한 것으로부터 거미줄을 만들기 시작해서 거미줄 뭉치가 있는 곳으로 연결하였어요.

퍼셉은 자기가 하는 일을 소개해 주겠다며 말하였어요.

"이렇게 거미줄 뭉치를 연결하면 땅속에 숨어 있는 거미줄을 따라서 우리 거미 마을에 도착하게 돼. 물론 우리 눈에 보이지 않지만 땅속에 있는 땅거미 친구들은 내가 보낸 정보를 필요 없는 정보로 판단하거나, 매우 중요한 정보로 판단하거나 하는 과정을 거치면서 서로서로 전달해."

퍼셉은 씨익 웃으며 다시 말했어요.

"간단한 퀴즈를 하나 내 볼까?"

정보의 중요도 판단

"퍼셉 1은 식물 1의 정보를 보내고 정보의 중요도는 5야. 퍼셉 2는 식물 2의 정보를 거미줄을 통해 보내고 중요도는 3이야. 퍼셉 3은 식물 3의 정보를 거미줄을 통해 보내는데 중요도는 1이야. 그럼 우리는 (식물 1×중요도 5) + (식물 2×중요도 3) + (식물 3×중요도 1)을 계산해서 이 정보의 가치는 5 + 6 + 3, 즉 14로 계산을 해."

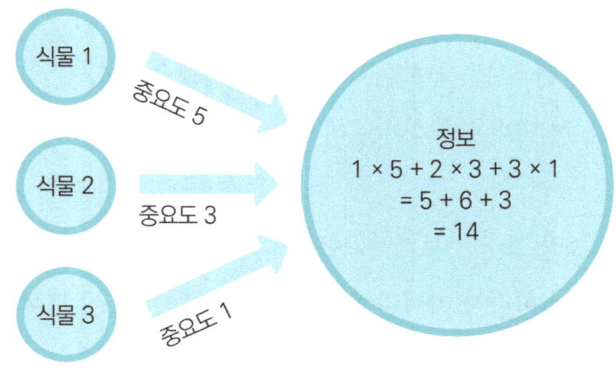

"코몽 삼형제도 한번 계산을 해 볼래?"
퍼셉은 오페나이와 연결된 거미줄을 하나씩 코몽 삼형제에게 쥐여 주었어요.

문제 9 정보의 중요도 계산

곤충 1의 정보 중요도 3
곤충 2의 정보 중요도 1
곤충 3의 정보 중요도 10
이 정보의 중요도는 얼마일까요?

정답: (1×3) + (2×1) + (3×10) = 35

"정답이야, 아주 훌륭해! 이렇게 우리의 정보 값들은 모두 땅거미 친구들에게 전달되는 거야. 그러면 땅거미 친구들이 판단을 하게 된단다. 거미줄에서 오는 모든 정보를 처리하려면 땅거미들이 너무 힘들 거야. 그래서 상황에 따라 어떤 날은 50이 넘는 정보들만 처리를 하기도 하고 어떤 날들은 30이 넘는 정보들만 처리하기도 해.

이런 정보를 처리하는 중에 땅거미들 중에 금방 일을 시작한 친구와 오래 일을 한 친구들이 정보를 판단하는 능력이 다를 수 있어.

그래서 오래 일을 한 땅거미들에게 좀 더 자신의 의견을 정보에 추가할 수 있는 능력을 적게 주거나 많이 주거나 하기도 해.

예를 들어서 일을 한 지 5년이 넘은 땅거미들이 정보를 처리할 때는 정보에 5점을 더해 주고, 1년밖에 안 된 땅거미의 정보는 1만 더하는 식으로 일을 할 때도 있단다."

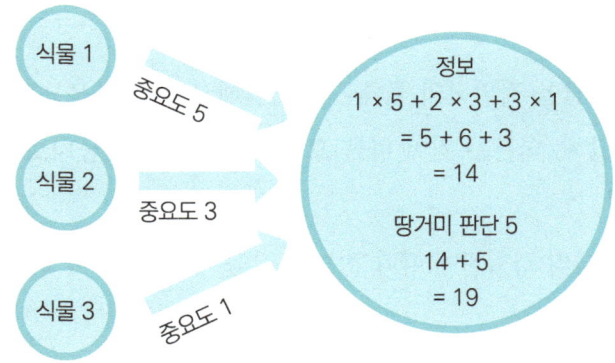

"그렇게 땅거미들이 서로 정보를 주고받으며 오늘은 얼마 이상의 값만 정보로 전달해 주라고 하면 오페나이 마을로 그 정보의 값이 전달이 되는 거야."

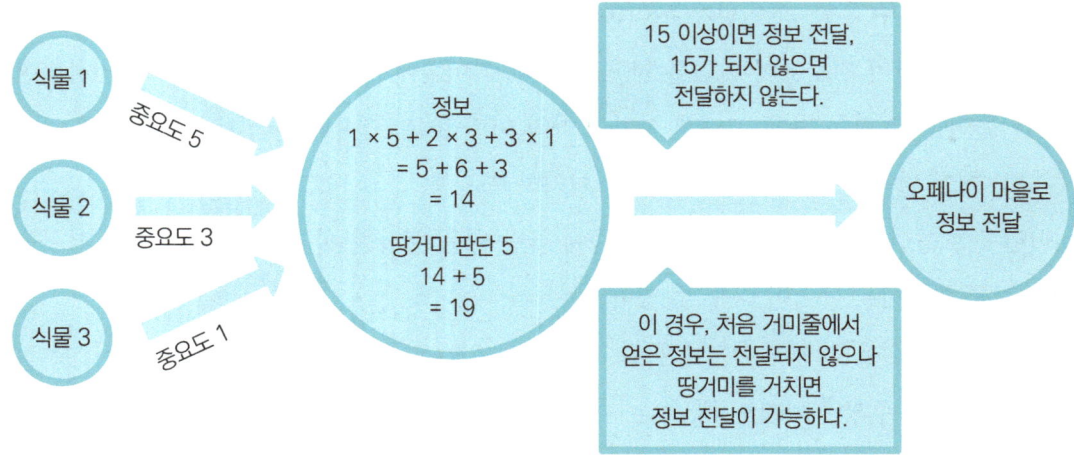

 코몽 삼형제는 매우 신기해하며 그러면 이렇게 많은 정보들을 누가 만들어 내는 것인지 물어보았어요. 퍼셉은 여러 거미들이 있어서 땅속에서도 정보를 주고받고 땅 위의 거미들은 최초 정보를 모아서 온다고 하였지요.

 "우리 퍼셉들은 거미줄을 작말산의 물체들과 연결해서 몇몇 묶음으로 만든 뒤 땅거미 '히든'에게 데이터를 전달해. 히든은 거미 마을 오페나이의 거미줄 뭉치로 최종 결과를 전달하게 되지.
 그 과정에서 땅거미들의 경험치에 따라 정보의 값을 더 쳐 주거나 덜 쳐 주거나 해서 오페나이 마을에 전달해.

 오페나이 마을에서는 땅거미들을 통과해서 전달된 정보가 우리 퍼셉들이 처음에 보냈던 정보가 잘 구별되는지 비교해 보고 잘 맞지 않는다면 다시 땅거미들에게 정보를 보낸단다. 어떤 땅거미의 정보가 잘 맞았는지, 잘 맞지 않았는지를 말이야.

 그렇게 해서 더 잘 맞춘 땅거미에게 점수를 더 주고, 틀린 땅거미의 점수는 낮추는 식으로 조정하지. 그러다 보면 가장 적절한 땅거미를 찾게 되고, 그 땅거미의 값을 따르면 처음에 퍼셉들이 보낸 정보를 얼마나 잘 구별했는지 오페나이 마을로 전달이 돼.

그렇게 한번 전달된 정보는 우리들 퍼셉이 에이펠 행성을 탐험하면서 처음 보거나 이전에 본 것과 비슷한 것들이 전에 보았던 것들과 얼마나 비슷한지 알려 주지. 우리 거미들은 그렇게 정보를 전달하면서 살고 있어."

그리고 퍼셉은 각각의 거미들이 모여서 만든 거미줄의 형태에 따라서 좀 더 다른 능력을 발휘한다고도 하였어요.

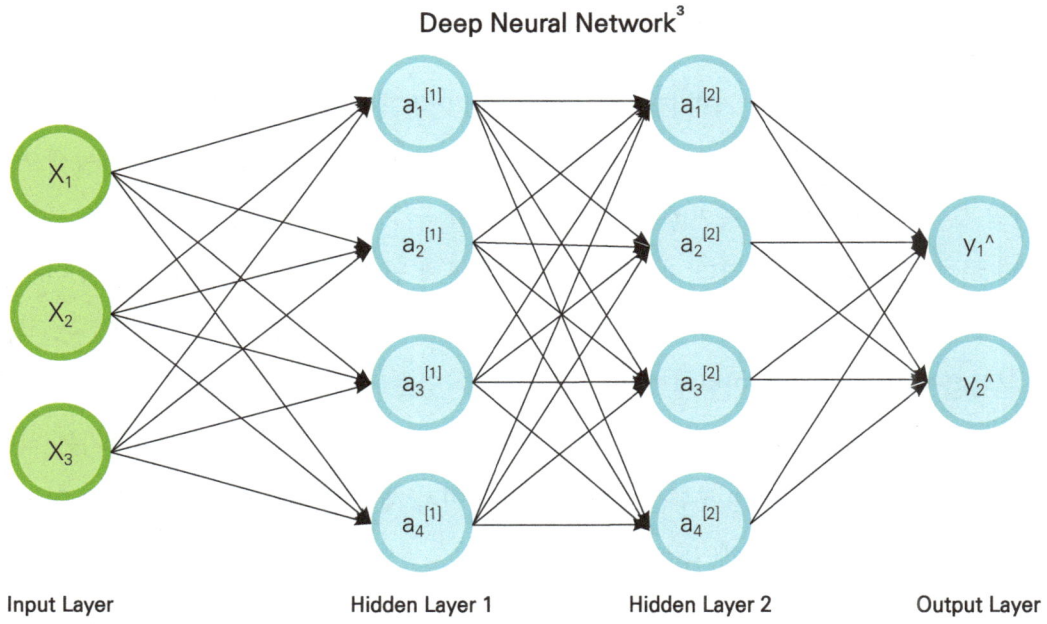

3   Introduction to deep learning - IBM Developer

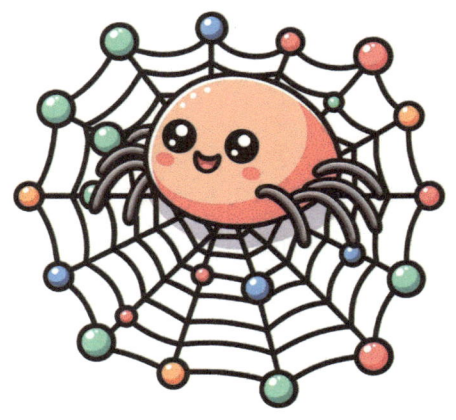

 퍼셉은 그림을 보여 주며 거미 마을의 거미줄들이 어떻게 역할을 하는지 설명해 주었어요.
 "그림을 보면 초록색으로 세 개의 퍼셉들이 정보를 보내는 곳인 [입력층]과 하늘색으로 4칸씩 두 줄의 숨어 있는 [땅거미층], 그리고 마지막 두 개의 오페나이 마을 거미줄 뭉치인 [출력층]이 있어. 우리가 잠자리, 메뚜기, 국화를 초록색 입력층에 넣으면 땅거미들이 이것들이 무엇인지를 열심히 조정하면서 마지막 출력층에 메뚜기, 잠자리는 곤충으로, 국화는 식물로 분류를 하는 방식이지. 이렇게 한번 분류를 할 수 있도록 학습한 거미줄에 개미, 매미, 해바라기 같은 처음 보는 새로운 것을 연결해 보고 개미와 매미는 곤충으로, 해바라기는 식물로 분류가 되면 이 거미줄은 분류를 잘하는 거미줄이기 때문에 계속 쓰고 분류가 잘 안되는 거미줄은 부수고 새로 만들게 되는 거야.

가짜를 만들 수 있는 오페나이 마을

"우리 오페나이 마을의 자랑이 또 있어."

수다쟁이 퍼셉은 코몽 삼형제에게 또 다른 자랑을 했어요.

"우리 오페나이 마을은 잘 만들어진 거미줄을 통해서 다양한 것을 할 수 있단다. 거미줄 하나하나가 모두 중요한 역할을 하는데, 그중에 특히 우린 우리 마을을 보호하기 위해 오페나이와 비슷하게 생긴 가짜 마을을 만들 수가 있어."

"먼저 오페나이 마을을 구성하고 있는 다양한 집들과 마을의 길과 나무, 풀들을 아무렇게나 둔단다. 그리고 오페나이 마을과 비교해 보는 거지. 비슷하게 배치된 집과 길은 조금만 움직이고, 전혀 다르게 배치된 집과 길은 많이 움직여 보는 거야.

그렇게 새로 만들어진 마을과 오페나이 마을을 계속 비교하고 조금씩 움직이다 보면 어떻게 되겠니? 진짜 오페나이 마을은 아니지만 오페나이 마을과 비슷한 마을이 생기겠지? 우린 이런 마을을 '달리 오페나이 마을'이라고 해.

우리 퍼셉들도 진짜 오페나이 마을이 어딘지 깜빡할 정도로 달리 오페나이 마을들이 많아지고 너무나 우리 마을과 비슷해져서 이제는 우리도 지도가 없으면 마을로 돌아갈 수가 없단다."

코몽 삼형제는 너무나도 신기해하였어요.
"그래서 비루스 군단이 쳐들어와도 오페나이 마을은 안전한 것이었구나!"
삼코몽이 감탄했어요.

오페나이 마을의 교훈

그러면서도 퍼셉은 한편으로 얼굴이 어두워지며 말했어요.

"우리 오페나이 마을의 친구들 모두가 걱정하는 게 있어. 예전, 우리 마을은 모두가 열심히 일하고 우리 마을 주변의 풀, 벌레, 물, 공기, 돌, 자갈 같은 모든 것들을 아끼는 곳이었어. 그런데 우리가 정보의 중요도를 히든을 통해 주고받고 마을로 전달하고 나서부터는 점점 더 중요하다고 생각되는 정보들만 중요하게 여기게 되었어. 또 필요 없다고 생각되는 정보들을 버리게 되면서 마을 주변의 몇몇 것들의 소식만 자주 전달되게 되었어. 그래서 우리가 직접 다 확인해 보지 않으면 이제 소식을 듣기가 어려워. 마을 주변 친구들의 소식이 어느 한쪽만 들리게 되니까 소식이 들리지 않는 친구들은 어떻게 지내는지 많이 궁금해."

일코몽이 말했어요.
"누군가가 의도적으로 어떤 친구의 정보만을 전달하고 어떤 친구의 정보는 빼 버린다면 소식을 듣게 되는 입장에서는 자꾸 들리는 정보가 더 중요하다고 생각할 수 있겠구나."

이코몽이 말했어요.
"여러 사람들이 관심을 갖지 않는 일들은 더욱 더 관심에서 멀어질 수도 있겠어."

삼코몽도 한마디 거들었어요.
"그러면 진짜 중요한 게 뭔지 누군가 마음대로 조정하는 문제가 생기겠구나."

퍼셉이 한 번 더 말했어요.
"맞아. 그런 문제들과 함께 달리 오페나이 마을이 자꾸 많아지니 우리도 진짜 마을이 무엇이고 가짜 마을이 무엇인지 헷갈리기 시작해. 가짜를 너무 진짜같이 짓는 바람에 가짜와 진짜를 구별하기가 점점 더 어려워지고 있어."

코몽 삼형제는 가짜 인터뷰나 유명인들 행세를 하는 가짜 인물들로 인해서 많은 피해가 생기고 있다는 사실을 뉴스로 들었다고 하며 고개를 끄덕였어요.
"일부러 가짜 뉴스를 만들기도 하고 데이터를 가짜로 만들어서 가짜 데이터를 갖고 잘못된 사실을 알기도 해서 문제가 많지."

퍼셉은 씁쓸한 듯 말했어요.

"요즘은 인공지능으로 그럴듯한 답변을 만들어 낼 수가 있기 때문에 인공지능을 통한 그럴듯한 거짓말이 문제가 되기도 해. 인공지능의 답변은 항상 틀릴 수가 있기 때문에 항상 점검하는 습관을 가지고 도움을 받는 정도로만 사용해야지 항상 옳다고 믿으면 큰 문제가 생길 수도 있어. 지금 우리가 보고 있는 이 책의 모든 그림도 인공지능이 만든 것인데 바로 위 네 장의 사진을 살펴보면 그럴듯해 보이지만 아무 뜻도 없는 영어 'MANTULLATION!'과 'MAUIPITION'이 있고 'INFORMATION'을 잘못 표현한 'INFORAION'이 있단다. 이렇듯이 인공지능은 완전하거나 완벽하지 않아."

퍼셉은 금세 어두운 표정을 거두고 활짝 웃으며 새로운 기술에는 새로운 규칙이 잘 생겨날 것이라며 바이러스 군단을 막을 방어막을 만들러 하모닉에게 함께 가자고 하였어요.

퓨타콤 행성을 떠나다

하모닉의 기지로 돌아가자 거기에는 시퓨들과 요정들이 이미 분주하게 움직이며 엄마 나무를 고치고 더 성능을 좋게 만들고 있었어요.

하모닉은 코몽 삼형제를 반갑게 맞이하며 이야기했어요.
"자네들 덕분에 우리 퓨타콤 행성의 기능이 거의 모두 회복되었네. 비루스 군단은 지금 혼쭐이 난 채로 우리 행성을 탈출하는 중이야. 곧 모든 비루스 군단이 사라지게 될 걸세."

일코몽은 오페나이에 대한 이야기를 전하고는 퍼셉을 하모닉에게 소개시켜 주었어요. 퍼셉에게 오페나이는 거미들의 마을이라는 이야기를 들은 하모닉은 껄껄 웃으며 "내가 한참 잘못 알고 있었군." 하였어요.

또 퍼셉에게 거미 마을이 가짜 마을을 여럿 만들어서 피해를 입지 않은 내용들을 매우 신중하게 들었어요. 그리고는 다음에 비루스 군단이 또다시 쳐들어올 때를 대비해 어떻게 해야 할지 퍼셉과 이야기를 한참 나누고는 오페나이 마을을 한번 찾아간다고 하였어요.

코몽 삼형제는 하모닉의 기지에서 요정들과 퍼셉, 시퓨들을 사흘 정도 도와주었고 하모닉은 "비루스 군단을 완전히 무찔렀다!"라며 승리를 선언하였어요!
코몽 삼형제를 비롯해 퓨타콤 행성의 모든 요정들, 시퓨, 거미 친구 퍼셉, 반딧불이들 모두 모두 신나서 파티를 열고 노래를 부르며 춤을 추었어요.
비루스 군단이 쳐들어온 것이 언제였나 싶을 만큼 다들 행복하고 즐겁게 비루스 군단을 무찌른 것을 축하하고 기뻐하였답니다.

기쁨의 축제가 끝이 나고 코몽 삼형제는 이제 다른 곳으로 여행을 다시 떠나겠다고 이야기 하였어요. 하모닉 장군은 부하들을 시켜 코몽 삼형제가 먹을 많은 물과 음식들을 챙겨 주었고 시퓨들은 코몽 삼형제의 우주선을 수리하면서 동시에 성능을 더 좋게 만들어 주었어요.

요정들은 우주선에 다양한 프로그램을 만들고 설치하여서 여행하는 동안 더 즐겁고 편안하게 있을 수 있도록 해 주었고 퍼셉은 헤어짐을 아쉬워하며 우주선에 다양한 인공지능이 적용된 기술을 추가해 주었어요.

모두의 환영과 작별의 아쉬움을 뒤로하고 코몽 삼형제는 더 좋아진 우주선에 앉아서 안전띠를 단단히 매었어요.

"10, 9, 8, 7, 6, 5, 4, 3, 2, 1, 발사!"

우주선은 퓨타콤 행성을 힘차게 박차고 저 멀리 하늘로 날아올랐어요. 퓨타콤 행성의 친구들, 하모닉과 픽시, 시퓨, 퍼셉까지 모두 코몽 삼형제의 우주선이 점이 되어 안 보일 때까지 손을 흔들어 주었어요.

코몽 삼형제는 우주선에서 처음 여행을 떠날 때처럼 다음에는 또 어떤 일이 벌어질지 두근두근 기대하며 먼 우주로 날아갔답니다.